Reda Farhan

Protocolo de encaminhamento para redes móveis Ad-hoc

Reda Farhan

Protocolo de encaminhamento para redes móveis Ad-hoc

ScienciaScripts

Imprint
Any brand names and product names mentioned in this book are subject to trademark, brand or patent protection and are trademarks or registered trademarks of their respective holders. The use of brand names, product names, common names, trade names, product descriptions etc. even without a particular marking in this work is in no way to be construed to mean that such names may be regarded as unrestricted in respect of trademark and brand protection legislation and could thus be used by anyone.

Cover image: www.ingimage.com

This book is a translation from the original published under ISBN 978-3-659-79567-1.

Publisher:
Sciencia Scripts
is a trademark of
Dodo Books Indian Ocean Ltd. and OmniScriptum S.R.L publishing group

120 High Road, East Finchley, London, N2 9ED, United Kingdom
Str. Armeneasca 28/1, office 1, Chisinau MD-2012, Republic of Moldova, Europe
Printed at: see last page
ISBN: 978-3-330-07513-9

RESUMO

Um protocolo de encaminhamento é o ato de mover informação através de uma rede Internet de uma fonte para um destino. O encaminhamento orienta a transmissão de pacotes da sua origem para o seu destino final através de nós intermediários. O processo de encaminhamento normalmente orienta o encaminhamento com base em tabelas de encaminhamento nos encaminhadores, que mantêm um registo das melhores rotas para vários destinos da rede. Assim, a construção de tabelas de encaminhamento torna-se muito importante para um encaminhamento eficiente. Nas redes ad hoc sem fios, todos os nós são móveis e podem ser ligados dinamicamente de forma arbitrária. Os nós das redes ad hoc sem fios comportam-se como encaminhadores e participam na descoberta e manutenção de rotas para outros nós da rede. Esta caraterística representa um grande desafio para a conceção de um protocolo de encaminhamento, uma vez que a largura de banda das ligações é muito limitada e a topologia da rede muda à medida que os utilizadores se deslocam. Nesta tese, o comportamento do AODV e do OLSR foi investigado e o protocolo proposto, baseado no DSDV, foi implementado. No protocolo proposto, o congestionamento será considerado como um fator de seleção do melhor caminho disponível, utilizando a informação de encaminhamento da tabela de encaminhamento primária e da tabela de encaminhamento secundária. O protocolo proposto será testado numa rede ad hoc móvel Bluetooth. O protocolo proposto foi comparado com o protocolo AODV e o protocolo OLSR. Os resultados experimentais sugerem uma melhoria notável do protocolo proposto em comparação com outros protocolos existentes.

ÍNDICE DE CONTEÚDOS:

Lista de abreviaturas

ABR	The Associativity Based Routing
AODV	Ad-hoc On-demand Distance Vector routing protocol
ART	Active Route Timeout
BNRP	Bridge Node Routing Protocol
BRA	Bidirectional routing abstraction
CBRP	Cluster Based Routing protocol
CGSR	Clusterhead Gateway Switch Routing
DAG	Directed acyclic graph
DBRA	Dynamic bidirectional routing abstraction
DSDV	Destination-Sequenced Distance Vector
DSR	Dynamic Source Routing protocol
DTCP	Distributed Topology Construction Protocol
D.N.	Destination Number
D.Na.	Destination Name
E-DSDV	The Enhanced Destination-Sequenced Distance-Vector Routing
FSR	Fisheye State Routing Protocol
GSR	Global State Routing Protocol
HSR	Hierarchical State Routing Protocol
Id.p.	Identification Packet
LSP	Link State Packets
LQ	Local Query
MANET	A mobile ad-hoc network
MID	Multiple interface declaration
MPR	Multipoint Relay
NRL	Normalized Routing Load
OLSR	Optimized Link State Routing
PAN	A personal area network
RREP	Route Reply packet
RREP-ACK	Route Reply Acknowledgment
RREQ	Route Request packet

RRER	Route Error packet
RN	Route Notification
R.Id.p.	Replay Identification packet
SSR	Signal Stability-Based Adaptive Routing protocol
S.N.	Source Number
S.Na.	Source Name
TC	Topology Control
TORA	Temporally-Ordered Routing Algorithm
WRP	Wireless Routing Protocol
ZHLS	Zone-based Hierarchical Link State Routing Protocol
ZRP	Hybrid protocols like the Zone Routing Protocol

CAPÍTULO 1

Introdução

1.1   Introdução

Uma rede ad-hoc móvel (MANET) consiste em entidades de computação móvel, como computadores portáteis e palmtop, que comunicam entre si através de ligações sem fios e sem depender de uma infraestrutura estática [1], como uma estação de base ou um ponto de acesso.

Sem uma administração centralizada, uma MANET é altamente imprevisível devido à instabilidade das ligações e à escassez de recursos, uma vez que a maioria dos nós tem uma bateria limitada. Devido a estas limitações físicas, os nós necessitam da cooperação de outros nós para enviar com sucesso uma mensagem para um destino através de múltiplos saltos, como mostra a Figura 1.1. Na realidade, este problema de encaminhamento é muito mais complexo. Ele depende muito do ambiente e da topologia da rede.

A topologia refere-se ao arranjo no qual os nós estão conectados uns aos outros. Nas suas comunicações, os nós móveis também têm de lidar com perdas de dados resultantes de colisões de pacotes, interferências electromagnéticas, movimentos de nós e falhas, pelo que são necessários protocolos de encaminhamento para comunicações multi-hop eficazes.

A tarefa de encontrar e manter rotas em MANETs não é trivial devido às alterações imprevisíveis da topologia causadas pela mobilidade dos nós. O problema surge quando um nó fonte descobre múltiplas rotas para um destino pretendido e tem de fazer uma seleção de rotas [2].

A maioria dos protocolos de encaminhamento escolhe as suas rotas com base numa medida de menor número de saltos (rota mais curta) ou simplesmente na primeira rota descoberta para o destino. Em muitos casos, esta métrica não permite obter o melhor desempenho da rede [3], uma vez que as rotas mais curtas implicam geralmente que a distância espacial entre os nós intermédios na rota selecionada será maior do que noutras rotas alternativas. Como os nós estão mais afastados uns dos outros, isto pode levar a falhas de rota mais frequentes e degradar o desempenho da rede.

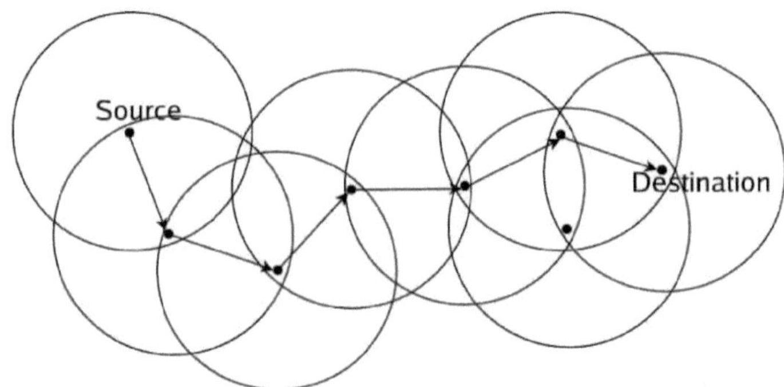

Figura 1.1: Uma rede ad-hoc sem fios.

Devido ao alcance limitado de transmissão de um nó, é necessária a cooperação entre nós para enviar uma mensagem através de múltiplos saltos.

Foram propostos muitos protocolos para as MANET com o objetivo de conseguir um encaminhamento eficiente. A maioria destes protocolos pode ser classificada como protocolos de encaminhamento baseados na fonte ou em tabelas, tendo surgido nos últimos anos alguns protocolos híbridos. Alguns dos algoritmos populares baseados em tabelas são o protocolo de encaminhamento Destination Sequenced Distance Vetor (DSDV), o Temporally-Ordered Routing Algorithm (TORA), o Wireless Routing Protocol (WRP), o Global State Routing (GSR), o Fisheye State Routing (FSR), o Hierarchical State Routing (HSR), o Zone-based Hierarchical Link State Routing Protocol (ZHLS), o Clusterhead Gateway Switch Routing (CGSR) [4][5], enquanto os algoritmos baseados na fonte incluem o protocolo Dynamic Source Routing (DSR), o protocolo de encaminhamento Ad-hoc On-demand Distance Vetor (AODV), o protocolo Cluster Based Routing (CBRP), o Associativity Based Routing (ABR), o protocolo Signal Stability-Based Adaptive Routing (SSR), protocolos híbridos como o Zone Routing Protocol (ZRP) [6][7] combinam abordagens proactivas e reactivas em diferentes fases do processo de encaminhamento. Estes algoritmos diferem na abordagem utilizada para procurar uma nova rota e/ou modificar uma rota conhecida quando os nós se deslocam [8]. São semelhantes no facto de as informações insuficientes sobre a topologia da rede serem consideradas nas suas decisões de encaminhamento. Por exemplo, os algoritmos de encaminhamento não consideram a localização física do nó de destino quando escolhem uma rota. Também não se preocupam com informações como a densidade da rede, a velocidade de movimento e a direção dos nós. Consequentemente, estes algoritmos de encaminhamento são lentos a reagir a alterações dinâmicas na topologia da rede, o que resulta numa redução do débito quando estas ocorrem.

As redes sem fios têm muitos tipos de módulos de transmissão, como a radiofrequência, o Bluetooth, as micro-ondas e os infravermelhos, cada um com as suas próprias caraterísticas.

O Bluetooth é uma tecnologia de rádio de curto alcance que permite a conetividade sem fios entre dispositivos móveis. Em termos de conceção, os três principais objectivos do Bluetooth eram: dimensões reduzidas, consumo mínimo de energia e preço baixo. O rádio Bluetooth funciona na banda ISM não licenciada a 2,4 GHz . O alcance do Bluetooth depende da classe de potência do rádio. O Bluetooth foi fundado pela Nokia, Ericsson, IBM, Intel e Toshiba em 1998. Em breve, muitas empresas líderes mundiais juntaram-se a esta força [9]. Neste projeto, o Bluetooth é utilizado como meio de transmissão para implementar os protocolos de encaminhamento.

1.2   O trabalho anterior

Venugopalan R. e Daniel M. [10] Apresentaram uma avaliação de uma abstração de encaminhamento bidirecional (BRA) e de uma abstração dinâmica BRA (DBRA) em comparação com a técnica de lista negra do AODV para lidar com Este artigo apresentou uma abstração de encaminhamento bidirecional BRA para lidar com ligações unidireccionais que surgem frequentemente em redes ad hoc móveis. A BRA fornece aos protocolos de encaminhamento a abstração bidirecional familiar para a qual são normalmente concebidos, permitindo-lhes assim funcionar eficientemente em redes assimétricas. No entanto, internamente, utiliza ativamente as ligações unidireccionais e bidireccionais para encontrar rotas simétricas de forma mais eficaz do que as técnicas convencionais, encontrar novas rotas assimétricas, aumentando substancialmente a acessibilidade da rede e encontrar rotas alternativas com menor comprimento de caminho. E fez três contribuições gerais: Primeiro, apresentou uma análise quantitativa de como a assimetria da rede causada por fontes de rádio alienígenas, heterogeneidade na potência de transmissão e flutuações aleatórias na propagação do sinal que afetam os protocolos de roteamento MANET convencionais. Em segundo lugar, apresentaram o projeto do BRA, baseado num novo protocolo para manter rotas inversas para ligações unidireccionais de uma forma eficiente e escalável. Finalmente, mostraram, através de uma extensa avaliação, como um protocolo de encaminhamento típico, como o bem conhecido AODV, sobreposto ao BRA, consegue uma conetividade superior em redes assimétricas.

Brendan J. Donegan [11] apresentou uma biblioteca para a criação de aplicações baseadas em scatternet, capaz de computação paralela em redes adhoc Bluetooth com mais de oito dispositivos, usando a estrutura scatternet. A estrutura e o funcionamento da biblioteca foram descritos. Verificou-se que havia uma sobrecarga de desempenho associada ao encaminhamento e análise de mensagens. A estrutura pode ser usada para uma miríade de aplicações, como jogos multijogador ou aplicações de conversação, com bastante facilidade. O aspeto mais importante da estrutura é o facto de poder ser implementada em qualquer dispositivo móvel com funcionalidade MIDP 2.0 e Bluetooth, pelo que era capaz de funcionar num número significativo dos dispositivos móveis actuais.

Yao-Chung Chang [12] apresentou o protocolo de encaminhamento Bridge Node Routing Protocol (BNRP) em Bluetooth Scatternet. Baseado no Protocolo de Construção de Topologia Distribuída (DTCP), processa três fases para eleger o coordenador, determinar os papéis de cada nó e estabelecer a conexão. A adição de um passo adicional na Fase III mantém as ligações entre o coordenador e os mestres quando o número de escravos ligados ao coordenador é inferior a sete. A utilização do BNRP encurtará o caminho de encaminhamento de um mestre para outro mestre em diferentes Piconets.

Diego Bohman. Et.al [13] apresentaram resultados de simulação e medição que mostram como utilizar de forma optimizada os procedimentos padrão de descoberta de vizinhos, que são necessários nas redes ad hoc Bluetooth como forma de descoberta de dispositivos vizinhos. A simulação foi efectuada com base em medições reais.

Oliver Kasten . Et.al [14] apresentaram nós Bluetooth Smart, cada um dos quais pode armazenar informações. E argumentaram que era necessário utilizar interfaces sem fios normalizadas para poder interagir com aparelhos de consumo sem fios. Além disso, o processo de conceção e implementação de aplicações foi simplificado através da utilização de API normalizadas bem definidas. Foi motivada e descrita uma prototipagem testada que era adequada para a implantação de grandes populações de sistemas de comunicação e informação móveis distribuídos heterogéneos para apoiar um ambiente em rede "inteligente" em objectos do quotidiano. A peça central foi o Bluetooth Smart Node, um dispositivo de rede incorporado que pode armazenar dados, calcular e comunicar através de uma interface sem fios normalizada. Os autores acreditam que a realização de estratégias para a redução do consumo global de energia do sistema implica uma boa compreensão e um controlo flexível de todos os subsistemas e respectivos modos de funcionamento envolvidos. O funcionamento consciente da energia centrado no sistema foi realizado na conceção do hardware e do sistema operativo simples. Os inconvenientes do Bluetooth, nomeadamente o elevado consumo de energia e a estrutura rígida da rede, podem ser ultrapassados pela abordagem de múltiplos front-end por nó.

São compensados pelo facto de a interação poder ter lugar com quase todos os outros dispositivos sem fios.

1.3   Declaração do problema

O principal problema de encaminhamento nas redes ad-hoc é encontrar o melhor caminho através dos nós intermédios para transportar o pacote através da rede desde a origem até ao destino. Nas soluções tradicionais hop-by-hop, cada nó da rede mantém uma tabela de encaminhamento, que lista todos os nós conhecidos com o nó seguinte ao destino e outros parâmetros.

Outro problema de encaminhamento nas redes ad-hoc é o congestionamento que afecta a qualidade da rede, pelo que a estratégia de encaminhamento deve ser adaptada ao número de nós e lidar com a mobilidade ou a falha de ligações. O protocolo de encaminhamento deve ter um bom desempenho em termos de débito elevado, baixo atraso de encaminhamento e baixo tráfego de sobrecarga de controlo.

1.4   Declaração de proposta

O primeiro passo envolve a pesquisa de protocolos de encaminhamento existentes para determinar os seus pontos fortes e fracos. Com base nesta análise, será desenvolvido um mecanismo que melhora o encaminhamento num ambiente ad-hoc móvel. Este mecanismo é então implementado num ambiente de software. Uma vez concluída a implementação, são efectuados testes e análises do protocolo para avaliar as vantagens deste mecanismo.

Os objectivos desta tese são os seguintes:

- Obter uma compreensão geral das redes ad-hoc.
- Estudar os protocolos de encaminhamento existentes e propostos.
- Desenvolver um mecanismo que ofereça vantagens para o encaminhamento em redes ad-hoc sem fios.
- Implementar o protocolo de encaminhamento proposto.
- Analisar o protocolo teoricamente e através de simulação.
- Comparar o protocolo proposto com os protocolos existentes (como o AODV e oOLSR).

1.5   Layout da documentação

A documentação foi dividida em sete capítulos: o capítulo 2 explica as redes ad hoc móveis e descreve os protocolos de encaminhamento ad hoc actuais; o capítulo 3 descreve o protocolo AODV e o protocolo OLSR; o capítulo 4 descreve a conceção e a implementação do protocolo de encaminhamento proposto; o capítulo 5 apresenta uma comparação entre o protocolo proposto e outros protocolos existentes; o capítulo 6 apresenta conclusões e trabalho futuro; o capítulo 7 inclui as referências utilizadas.

CAPÍTULO 2

Redes móveis Ad Hoc

2.1. Introdução

Este capítulo apresenta uma panorâmica das redes móveis ad hoc. As redes ad hoc são um paradigma de rede sem fios para anfitriões móveis. Ao contrário das redes tradicionais com fios, uma rede ad hoc móvel (MANET) é constituída por anfitriões móveis equipados com dispositivos de comunicação sem fios. A transmissão de um anfitrião móvel é recebida por todos os anfitriões dentro do seu raio de transmissão devido à natureza de difusão da comunicação sem fios e às antenas omnidireccionais. Se dois anfitriões sem fios estiverem fora do seu raio de transmissão nas redes ad hoc, outros anfitriões móveis situados entre eles podem reencaminhar as suas mensagens, o que cria efetivamente redes ligadas entre os anfitriões móveis na área de implantação. Devido à mobilidade dos hosts sem fios, cada host tem de estar equipado com a capacidade de um sistema autónomo ou de uma função de encaminhamento sem qualquer infraestrutura estabelecida estaticamente ou administração centralizada. Os anfitriões móveis podem mover-se arbitrariamente e podem ser ligados ou desligados sem notificar os outros anfitriões. A mobilidade e a autonomia introduzem uma topologia dinâmica das redes, não só porque os anfitriões finais são transitórios, mas também porque os anfitriões intermédios num caminho de comunicação são transitórios.

2.2. Aplicações das redes Ad Hoc

As redes ad hoc têm muitas aplicações. De facto, qualquer aplicação quotidiana, como o correio eletrónico e a transferência de ficheiros, pode ser considerada facilmente implementável num ambiente de rede ad hoc. Os serviços Web também são possíveis se qualquer nó da rede puder servir de porta de entrada para o mundo exterior. Nesta tese, não é necessário realçar a vasta gama de aplicações militares possíveis com as redes ad hoc. Para não mencionar que a tecnologia foi inicialmente desenvolvida tendo em mente as aplicações militares, como o campo de batalha num território desconhecido onde é quase impossível ter ou manter uma rede de infra-estruturas.

Nessas situações, as redes ad hoc têm a capacidade de auto-organização que pode ser utilizada eficazmente quando outras tecnologias falham ou não podem ser utilizadas de forma eficaz. As caraterísticas avançadas dos sistemas móveis sem fios, incluindo débitos de dados compatíveis com aplicações multimédia, capacidade de roaming global e coordenação com outras estruturas de rede, estão a permitir novas aplicações. Algumas aplicações de redes ad hoc bem conhecidas são:

- Trabalho colaborativo - Em alguns ambientes empresariais, a necessidade de computação colaborativa pode ser mais importante fora dos escritórios do que dentro. Afinal, é frequente as pessoas precisarem de ter reuniões externas para cooperar e trocar informações sobre um determinado projeto.

- Aplicações de gestão de crises - Surgem, por exemplo, na sequência de catástrofes naturais em que toda a infraestrutura de comunicações fica desorganizada. O restabelecimento rápido das comunicações é essencial. Utilizando redes ad hoc, é possível criar uma infraestrutura em horas, em vez dos dias/semanas necessários para as comunicações por cabo.

- Redes de área pessoal e Bluetooth - Uma rede de área pessoal (PAN) é uma rede localizada de curto alcance, em que os nós estão normalmente associados a uma determinada pessoa.

Estes nós podem ser fixados no relógio de pulso, no cinto, etc. de uma pessoa. Nestes cenários, a mobilidade só é uma consideração importante quando é necessária a interação entre vários painéis, ilustrando o caso em que, por exemplo, as pessoas se encontram na vida real.

O Bluetooth [15] é uma tecnologia destinada, entre outras coisas, a apoiar as PAN, eliminando a necessidade de fios entre dispositivos como impressoras, PDAs, computadores portáteis, câmaras digitais, etc., e é abordada mais adiante.

2.3. Protocolos de encaminhamento para redes móveis Ad Hoc

Muitos protocolos de encaminhamento diferentes foram desenvolvidos para MANETs. Estes podem ser classificados em duas categorias: os protocolos proactivos e os protocolos reactivos.

2.3.1 Protocolos de encaminhamento baseados em tabelas

Estes protocolos são também designados por protocolos proactivos, uma vez que mantêm a informação de encaminhamento mesmo antes de esta ser necessária [16]. Todos os nós da rede mantêm informações de encaminhamento para todos os outros nós da rede. As informações de encaminhamento são geralmente mantidas nas tabelas de encaminhamento e são periodicamente actualizadas à medida que a topologia da rede se altera. Muitos destes protocolos de encaminhamento provêm do encaminhamento link-state [17]. Existem algumas diferenças entre os protocolos que pertencem a esta categoria, dependendo da informação de encaminhamento que é actualizada em cada tabela de encaminhamento. O protocolo proposto nesta tese é baseado num protocolo proactivo.

- Encaminhamento por vetor de distância sequenciado no destino (DSDV)

O Destination-Sequenced Distance Vetor (DSDV) [18] é um protocolo de vetor de distância hop-by-hop baseado no mecanismo clássico de Bellman-Ford. No DSDV, cada nó mantém uma tabela de encaminhamento que contém uma entrada para o nó de destino na rede. A tabela de encaminhamento contém entradas como o endereço do próximo salto, a métrica ou o número de saltos e os números de sequência. Os números de sequência são atribuídos pelo nó de destino para identificação das rotas. O DSDV identifica cada rota com um número de sequência e considera uma rota X mais favorável do que Y se X tiver um número de sequência maior, ou se as duas rotas tiverem números de sequência iguais, mas X tiver uma métrica menor. Para que as tabelas de encaminhamento tenham as informações mais recentes sobre os caminhos, a tabela de encaminhamento deve atualizar o número de sequência dos nós que iniciam uma descoberta de rota para ela. Se for encontrada uma ligação quebrada para um nó específico, o número de sequência deste nó será definido como infinito e depois transmitido aos outros nós para definirem o número de sequência deste nó como infinito na sua tabela de encaminhamento. O número de sequência de cada rota é atribuído pelo destino e é incrementado em cada operação de descoberta de rota. Assim, no caso das redes ad-hoc móveis, os números de sequência permitem ao DSDV manter actualizadas as informações de encaminhamento nos nós, garantindo a coerência dos dados de encaminhamento em todas as tabelas de encaminhamento. Para manter a coerência das informações de encaminhamento, o DSDV inicia actualizações de encaminhamento periódicas e desencadeadas. No caso das actualizações periódicas, são iniciadas novas operações de descoberta de rotas após o decurso de um intervalo de tempo fixo. As actualizações de itinerário desencadeadas são iniciadas sempre que um nó encontra uma ligação interrompida, que pode resultar de uma alteração súbita da topologia da rede ou de uma falha da ligação de comunicação.

Vantagens: Ao atrasar a difusão de actualizações e a duração do tempo de estabelecimento, os telemóveis podem reduzir o tráfego na rede e otimizar as rotas, eliminando as difusões que ocorreriam se fosse descoberta uma rota melhor num futuro próximo.

Desvantagens: O DSDV requer a difusão de actualizações periódicas, independentemente do tráfego na rede. Isto permanece como uma sobrecarga . O DSDV não tem um bom desempenho quando existe uma elevada taxa de mobilidade dos nós.

- Protocolo de encaminhamento sem fios (WRP)

O protocolo de encaminhamento sem fios [19] utiliza a tabela de encaminhamento em cada nó do registo para completar a tabela de encaminhamento. O WRP requer que cada nó opere em quatro tabelas, nomeadamente a tabela de distância, a tabela de encaminhamento, a tabela de custo de ligação e a tabela de lista de retransmissão de mensagens. O WRP utiliza a mensagem de atualização entre nós adjacentes em cada passagem para manter a sua ligação, e a lista de retransmissão de mensagens (MRL) para atualizar os registos que necessitam de retransmissão e cuja atualização necessita de confirmação. O WRP utiliza a distância e a informação do penúltimo salto para encontrar o caminho, uma abordagem que pode efetivamente melhorar o problema da contagem até ao infinito do encaminhamento por vetor de distância. Um problema do protocolo Bellman-Ford é o problema da contagem até ao infinito. Este problema é resolvido pelo WRP. O WRP tem as mesmas vantagens que o DSDV. Tem também algumas desvantagens. Requer mais memória e mais processamento. Também não é adequado para grandes redes com mobilidade.

- Encaminhamento de estado global (GSR)

O Global State Routing (GSR) [20] é quase o mesmo que o DSDV, pois tem a idéia de roteamento de estado de enlace, mas faz um progresso ao diminuir a inundação de mensagens de roteamento. Neste algoritmo, cada nó mantém uma lista de vizinhos, uma tabela de topologia, uma tabela de próximos saltos e uma tabela de distâncias, de acordo com os seguintes passos.

- A lista de vizinhos de um nó inclui a lista dos seus vizinhos (todos os nós que podem ser ouvidos a partir dele).

- As informações sobre o estado da ligação para cada destino são mantidas na tabela de topologia, juntamente com o registo de data e hora das informações.

- A tabela de próximo salto inclui o próximo salto para o qual os pacotes de cada destino devem ser enviados.

- A tabela de distâncias contém a distância mais curta para cada nó de destino. As mensagens de encaminhamento serão criadas numa mudança de ligação, como em todos os protocolos de estado de ligação. Sempre que aceita uma mensagem de encaminhamento, o nó actualiza a sua tabela de topologia se o número de sequência da mensagem for posterior ao número de sequência armazenado na tabela e, em seguida, reconstrói a sua tabela de encaminhamento e transmite a informação aos seus vizinhos.

As principais vantagens são a melhor utilização da largura de banda e a redução do tamanho da tabela de vectores de distância, uma vez que o encaminhamento é efectuado apenas sobre a cabeça do agrupamento. A principal desvantagem é que é necessário mais tempo para selecionar os cluster heads e as gateways.

- Fisheye State Routing (FSR)

O Fisheye State Routing (FSR) [21] é uma melhoria do GSR. A grande dimensão das mensagens de atualização no GSR dissipa uma quantidade substancial de largura de banda da rede. Para ultrapassar este problema, o FSR utiliza um método em que cada mensagem actualizada não inclui informação sobre todos os nós. Como alternativa, troca regularmente informações sobre nós vizinhos do que sobre nós mais distantes, reduzindo assim o tamanho da mensagem de atualização. Desta forma, cada nó obtém informações exactas sobre os vizinhos mais próximos e a precisão das informações diminui à medida que a distância do nó aumenta. Mesmo que um nó não tenha informações exactas sobre os nós distantes, os pacotes são encaminhados corretamente porque as informações sobre o percurso se tornam cada vez mais exactas à medida que o pacote se aproxima do destino.

Vantagens: A FSR adapta-se bem a redes maiores, onde a mobilidade é elevada e a largura de banda é baixa. Ao escolher níveis de alcance e tamanho de raio adequados, a FSR fornece uma solução flexível para manter rotas precisas em redes ad-hoc.

Desvantagem: A FSR tem um elevado consumo de memória.

- Roteamento de estado de link otimizado (OLSR)

Este protocolo é um protocolo de encaminhamento proactivo em que as rotas estão sempre imediatamente disponíveis quando necessário [22]. O OLSR é uma versão optimizada de um protocolo de estado de ligação puro em que as alterações topológicas provocam a inundação da informação topológica para todos os anfitriões disponíveis na rede. O OLSR pode otimizar a reatividade às alterações topológicas reduzindo o intervalo de tempo máximo para a transmissão periódica de mensagens de controlo. Além disso, como o OLSR mantém continuamente rotas para todos os destinos na rede, o protocolo é benéfico para padrões de tráfego em que um grande subconjunto de nós está a comunicar com outro grande subconjunto de nós e em que os pares [origem, destino] estão a mudar ao longo do tempo. O protocolo OLSR é adequado para as aplicações que não permitem grandes atrasos na transmissão dos pacotes de dados. O melhor ambiente de trabalho para o protocolo OLSR é uma rede densa, onde a comunicação está concentrada num grande número de nós. O OLSR reduz a sobrecarga de controlo, obrigando o Multipoint Relay (MPR) a propagar as actualizações do estado da ligação, e também ganha eficiência em comparação com o protocolo clássico de estado da ligação quando o conjunto de MPR selecionado é o mais pequeno possível. Mas o inconveniente é que tem de manter a tabela de encaminhamento para todas as rotas possíveis, pelo que não há diferença em redes pequenas, mas quando o número de anfitriões móveis aumenta, a sobrecarga das mensagens de controlo também aumenta. Este facto limita a escalabilidade do protocolo OLSR. O protocolo OLSR funciona de forma mais eficiente nas redes densas. As vantagens do OLSR são o facto de ser um protocolo de encaminhamento plano, não necessitando de um sistema administrativo central para gerir o seu processo de encaminhamento. A caraterística proactiva do protocolo permite que este disponha de todas as informações de encaminhamento para todos os anfitriões participantes na rede. No entanto, como desvantagem, o protocolo OLSR necessita que cada anfitrião envie periodicamente as informações de topologia actualizadas para toda a rede, o que aumenta a utilização da largura de banda dos protocolos. Mas a inundação é minimizada pelos MPRs, que só podem encaminhar as mensagens topológicas. As desvantagens do OLSR são o facto de necessitar de mais largura de banda e recursos energéticos.

- Protocolo de encaminhamento hierárquico do estado da ligação baseado em zonas

  No Zone-based Hierarchical Link State [23], a rede é dividida em zonas não sobrepostas. O ZHLS define dois níveis de topologias: nível de nó e nível de zona. Uma topologia ao nível do nó descreve como os nós de uma zona estão fisicamente ligados uns aos outros. Uma ligação virtual entre duas zonas existe se pelo menos um nó de uma zona estiver fisicamente ligado a algum nó da outra zona. A topologia de nível de zona informa como as zonas são conectadas entre si. Ao contrário de outros protocolos hierárquicos, não existem cabeças de zona. A informação topológica a nível de zona é distribuída a todos os nós.

  Existem também dois tipos de pacotes de estado de ligação (LSP): LSP de nó e LSP de zona. Um LSP de nó de um nó contém as informações do nó vizinho e é propagado dentro da zona, enquanto um LSP de zona contém as informações da zona e é propagado globalmente. Cada nó só conhece a conetividade do nó dentro da sua zona e a conetividade da zona de toda a rede. Assim, dado o id da zona e o id do nó de um destino, o pacote é encaminhado com base no id da zona até chegar à zona correta. Depois, nessa zona, é

encaminhados com base na identificação do nó. Um <id de zona, id de nó> do destino é suficiente para o encaminhamento, pelo que é adaptável a topologias variáveis.

Vantagens: A topologia a nível de zona é mais estável e reduz a quantidade de mensagens de encaminhamento que são propagadas globalmente. O ZHLS proporciona uma utilização eficiente da largura de banda e pode adaptar-se às mudanças na topologia da rede.

Desvantagem: A desvantagem do ZHLS é que todos os nós devem ter um mapa de zonas estático pré-programado para poderem funcionar. Isto pode não ser viável em aplicações em que o limite geográfico da rede é dinâmico.

- Protocolo de encaminhamento de comutador de gateway agrupado

O Clusterhead Gateway Switch Routing (CGSR) [24] consiste em construir, a partir do DSDV, um protocolo de encaminhamento, utilizando um chefe de agrupamento para gerir um grupo de nós activos, ou seja, a ação é dividida num grupo de nós, cada um deles eleito por um chefe, o chefe de agrupamento entre si através de um gateway para se ligarem uns aos outros, numa estrutura hierárquica. Quer se trate de uma ligação entre nós no interior de um agrupamento, quer de uma ligação entre cada chefe de agrupamento, são baseadas no encaminhamento DSDV, pelo que cada nó necessita também de uma tabela de encaminhamento para o registo, para além de o DSDV necessitar de algumas informações, é também necessário que a tabela de encaminhamento contenha um registo de todos os outros nós e do chefe de agrupamento correspondente. Como mostra a figura 2.1.

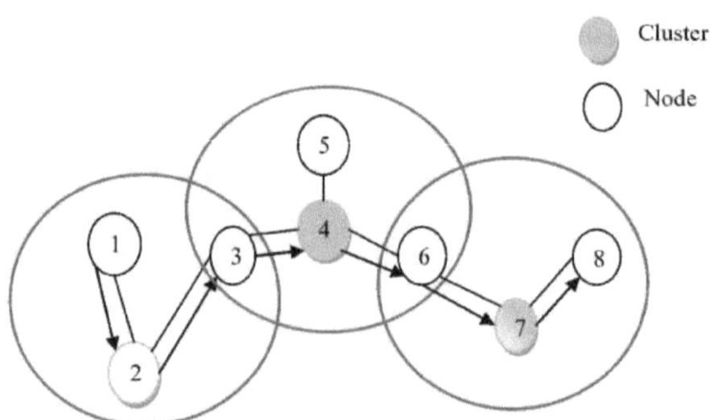

Figura 2.1: CGSR: encaminhamento do nó 1 para o nó 8.

No final, a web de quais nós devem ser selecionados como cabeça de agrupamento, e quando o movimento da cabeça de agrupamento e também como evitar futuras mudanças de caminho significativamente abaixo para encontrar uma nova cabeça, tudo em CGSR real para permitir as áreas mais difíceis.

Vantagens: Melhor utilização da largura de banda, esquema de agendamento de prioridades fácil de implementar.

Desvantagens: Aumento do comprimento do caminho, instabilidade quando o cluster-head tem uma mobilidade elevada, a taxa de consumo de bateria do cluster-head é superior à de um nó normal.

2.3.2 Protocolos de encaminhamento a pedido

Estes protocolos são também designados por protocolos reactivos, uma vez que não mantêm a informação de encaminhamento ou a atividade de encaminhamento nos nós da rede se não houver comunicação. Se um nó quiser enviar um pacote para outro nó, este protocolo procura a rota a pedido e estabelece a ligação para transmitir e receber o pacote [25]. A descoberta da rota ocorre normalmente através da inundação de pacotes de pedido de rota em toda a rede.

- Protocolo de encaminhamento baseado em clusters (CBRP)

No protocolo Cluster Based Routing [26], todos os nós são separados em clusters e, para organizar o cluster, é utilizado o seguinte algoritmo. Quando um nó surge, entra no estado "indeciso" e emite uma mensagem Hello. Quando uma cabeça de cluster recebe esta mensagem hello, reage imediatamente com uma mensagem hello activada. Quando o nó indeciso recebe esta mensagem, muda o seu estado para "membro". Se o nó indeciso não tiver tempo para se comunicar, ele se tornará uma cabeça de cluster. Se tiver uma ligação bidirecional com alguns vizinhos, caso contrário permanece no estado indeciso e repete o procedimento mais uma vez. Os cluster-heads são mudados tão ocasionalmente quanto possível. Cada nó mantém uma tabela de vizinhos. Para cada vizinho, a tabela de vizinhos de um nó contém o estado da ligação e o estado do vizinho (agrupado ou membro). Um chefe de cluster mantém informações sobre os membros de seu cluster e também mantém uma tabela de adjacência de cluster que contém informações sobre os clusters vizinhos. Para cada cluster vizinho, a tabela tem uma entrada que contém o gateway através do qual o cluster pode ser alcançado e as informações sobre os cabeçalhos do cluster. Quando uma fonte tem de enviar dados para o destino, envia pacotes de pedido de rota (mas apenas para os chefes de agrupamento vizinhos). Ao receber o pedido, um chefe de agrupamento verifica se o destino se encontra no seu agrupamento. Em caso afirmativo, envia o pedido diretamente para o destino ou envia-o para todos os clusters-cabeças adjacentes. O endereço dos cluster heads é documentado no pacote. Em seguida, um cluster-head rejeita um pacote de pedido que tenha sido detectado. Quando o destino recebe o pacote de pedido, responde com a rota que tinha sido registada no pacote de pedido. Se a fonte não receber uma resposta dentro de um período de tempo estipulado, ela recua exponencialmente antes de tentar enviar outro pedido de rota. No CBRP, o encaminhamento é efectuado utilizando o encaminhamento de origem. Também utiliza o encurtamento de rotas quando recebe um pacote de rota de origem. O nó tentará encontrar o nó mais distante na rota e envia o pacote para esse nó, reduzindo assim a rota. No processo de transferência do pacote, se um nó detecta uma ligação quebrada, envia uma mensagem de erro para a fonte e, em seguida, utiliza um mecanismo de reparação local. No mecanismo de reparação local, se um nó detecta que o próximo salto está inacessível, investiga se o próximo salto pode ser alcançado através de algum dos seus vizinhos. Se algum deles funcionar, o pacote pode ser enviado pelo caminho reparado.

Vantagens: Apenas os cluster-heads trocam informações de encaminhamento.

Desvantagens: Manutenção do cluster, loops temporários.

- Roteamento Ad Hoc On-Demand Distance Vetor (AODV)

O AODV (Ad Hoc On-Demand Distance Vetor Routing) utiliza o conceito de vetor de distância, de várias formas diferentes. O AODV não mantém uma tabela de encaminhamento, mas constrói a tabela de encaminhamento quando um nó necessita de comunicar com outro nó apenas a pedido. Quando um nó quer enviar dados para outro nó na rede, o primeiro a difundir um pacote de Route Request (RREQ), RREQ onde o registo que este é dado por que uma fonte é para ser usado para encontrar qual de um nó de destino. O RREQ na rede é uma espécie de inundação do modo de transferência, destino até serem recebidos, naturalmente, um nó só pode ser processado uma vez no mesmo RREQ, a fim de evitar a geração de loops de encaminhamento. Em teoria, todos os nós entre a fonte e o destino do RREQ estarão a passar um registo temporário sobre o último salto do RREQ através do caminho da informação, quando o destino do RREQ recebido de diferentes locais, escolher um caminho mais curto e enviar à fonte a direção da resposta à rota (RREP). Como mostra a figura 2.2.

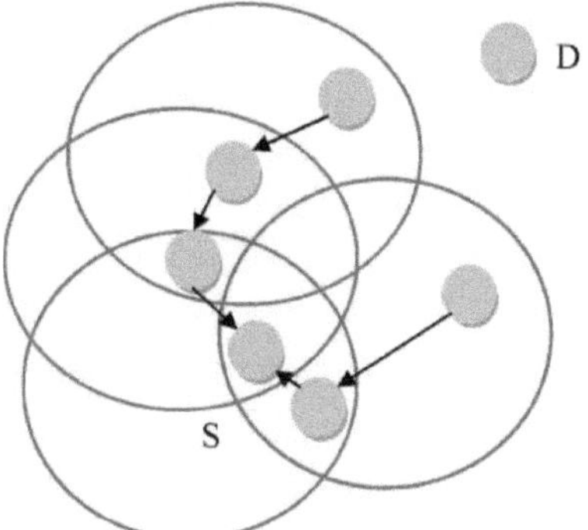

Figura 2.2: AODV: formação do caminho inverso.

À medida que o RREP passa ao longo dos nós no caminho selecionado, a informação relevante sobre o caminho selecionado será registada no pacote até ser recebida pela fonte do pacote RREQ, como mostra a figura 2.3. Com a informação registada no RREP, a fonte pode enviar dados para o destino através do caminho selecionado.

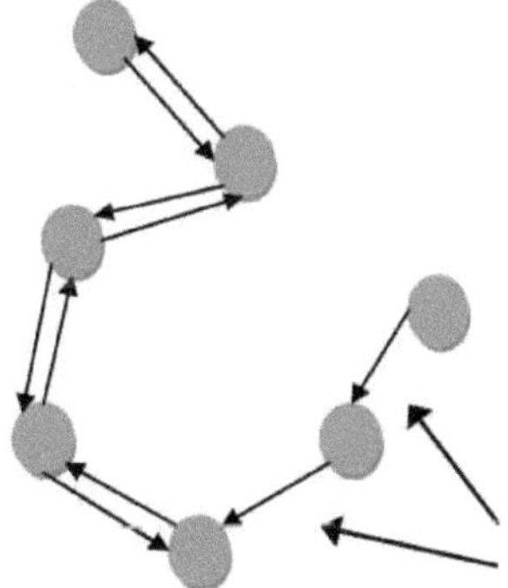

Figura 2.3: AODV: formação do caminho de avanço.

As principais vantagens são o facto de ser um algoritmo eficiente para as redes ad-hoc móveis e de ser escalável, de demorar pouco tempo a convergir e de ser um protocolo sem ciclos e de a sobrecarga de mensagens para anunciar a falha da ligação ser menor em comparação com o DSR. A principal desvantagem é o facto de necessitar de uma enorme largura de banda para manter as mensagens hello periódicas.

- Encaminhamento dinâmico de fontes (DSR)

O Dynamic Source Routing [28], como o nome sugere, é a utilização do conceito de encaminhamento pela fonte, a informação de encaminhamento que é diretamente registada no interior de cada pacote, mas para estar no ambiente MANET, a utilização de um tal especial, DSR é necessário apenas quando o caminho para descobrir o caminho, ou seja, on -demand. Route Discovery com AODV é semelhante, mas também transmitido a partir do cliente de origem para enviar um Route Request, a diferença é, Route Request depois de um para cada hop, este hop do ID será gravado no Route Request um Route Record mostrar figura 2.4, o caminho, Quando o Route Request atinge o destino, eles terão todos os nós no caminho da informação, destino em muitos eleito um pedido onde o melhor caminho, de acordo com Route Record para enviar uma resposta de rota de volta para a fonte mostrar figura 2.5, a fonte será registada na resposta de rota armazenada dentro do registo de rota na tabela de encaminhamento, então todos devem ser enviados para o destino do pacote terá o registo de rota no interior, apenas o caminho de origem precisa de ter esta informação, fonte e destino caminhos entre outros nós no pacote, desde que a visão dentro do registo de rota e, em seguida, encaminhar você pode sair sem ter que re-selecionar o caminho.

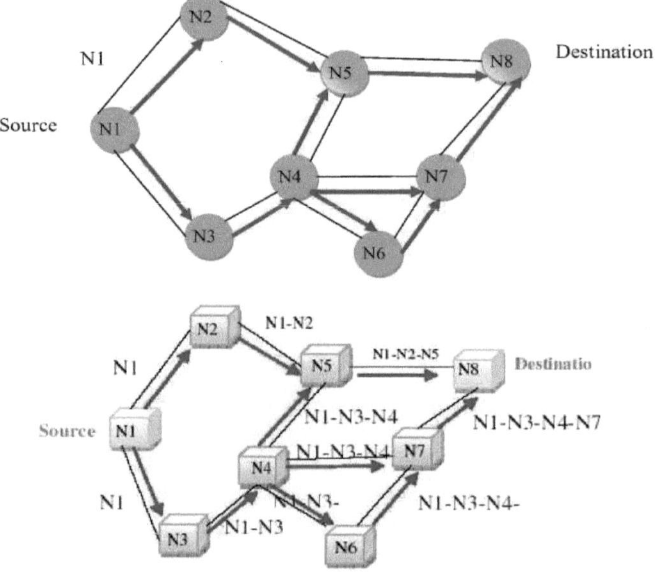

Figura 2.4: DSR: pedido de rota.

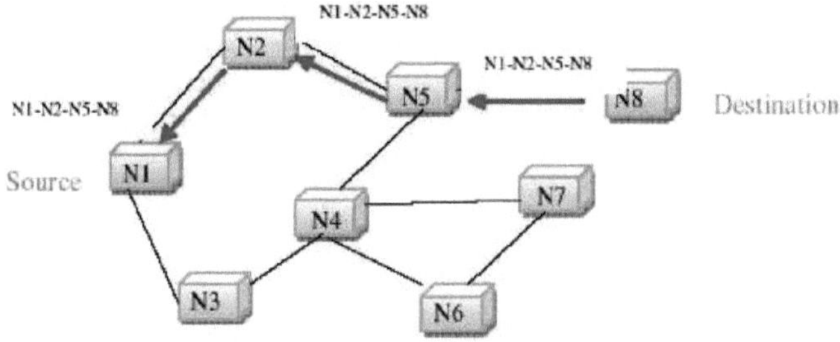

Figura 2.5: DSR: resposta ao itinerário.

A vantagem deste protocolo é o facto de ter conhecimento da existência de caminhos alternativos que ajudam a encontrar outro caminho em caso de falha do nó ou da ligação. Evita loops de encaminhamento e tem menos custos gerais de manutenção, pois é um protocolo de encaminhamento a pedido. Por outro lado, as desvantagens são o longo atraso na aquisição de rotas para a descoberta de rotas, o que pode não ser aceitável em situações como o campo de batalha. Não é adequado para um grande número de nós, onde a velocidade pode ser afetada, e produz um enorme excesso de mensagens durante os períodos de maior atividade.

- Algoritmo de encaminhamento temporalmente ordenado (TORA)

No Temporally Ordered Routing Algorithm [29] o conceito de inversão de ligação será utilizado em MANETS tornando-se um tipo de algoritmos de encaminhamento descentralizado, desde o início precisa de encaminhar o remetente de dados para o número de destino pode ser usado para identificar a direção do caminho, este adequado para ambiente altamente dinâmico. TORA é que quando há uma ligação as caraterísticas das mudanças, produzidas pela mensagem de controlo do nó adjacente é confinado a mudanças que ocorrem na vizinhança de sua operação é dividida em três etapas: Criação de Rota, Manutenção de Rota, Apagamento de Rota. Em geral, no processo de estabelecimento da rota, a rede em que cada nó é atribuído uma "altura", e para formar um destino como a raiz de um gráfico acíclico dirigido (DAG), os nós adjacentes de acordo com a altura, toda a ligação será foi designada como a montante ou a jusante. Quando a topologia da rede muda, o DAG é forçado a restabelecer-se, quando a ligação a montante do nó a montante no sentido da altura é responsável pela atualização, até à data de regresso à origem, este processo de atualização pode originar essa mudança de topologia, embora não seja dirigido à destruição da outra rota. Uma mudança de topologia a partir da fonte a ser actualizada no início para a forma e o encaminhamento por vetor de distância propenso aos mesmos problemas de contagem até ao infinito, mas isto é apenas uma instabilidade temporária. Como mostra a figura 2.6.

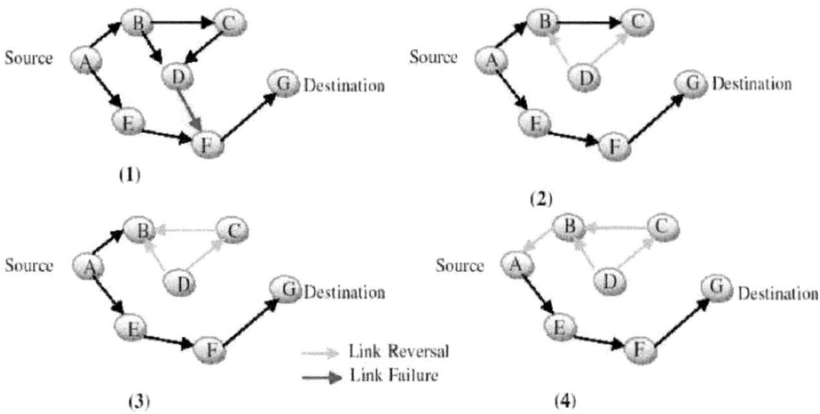

Figura 2.6: TORA: manutenção de rotas.

Vantagens: O TORA fornece rotas livres de loop, fornece múltiplas rotas, estabelece a rota rapidamente, minimiza as reacções algorítmicas ou a sobrecarga de comunicação. O TORA é mais adequado para um grande conjunto de nós densamente compactados com uma mobilidade muito baixa dos nós.

Desvantagem: A reconfiguração local dos caminhos não resulta em rotas óptimas.

• Encaminhamento baseado em associatividade (ABR)

O Associativity Based Routing [30] foi concebido principalmente para as MANET em que as ligações entre nós têm relações instáveis, pelo que utiliza o conceito de estabilidade da associatividade para indicar a estabilidade de um nó relativamente ao nó adjacente. ABR nós adjacentes em uma base regular, formando o beacon para indicar a sua presença, quando um nó n recebido a partir dos nós adjacentes que vêm beacon, e será atualizado na tabela de associatividade, em que cada nó adjacente na tabela de associatividade, onde o registro é chamado associatividade tick, disse que o nó em relação ao grau n de estabilidade. O principal objetivo do ABR é

24

fornecer o caminho mais adequado entre os nós, o processo de estabelecimento do caminho é o seguinte: Quando o nó precisa ir o caminho de um nó, a transmissão de uma mensagem BQ (consulta de difusão), o nó receberá a consulta e sua tabela de associatividade seu próprio endereço em seus nós vizinhos, juntamente com os carrapatos associatividade juntamente com BQ continua a transmitir para fora, nó a jusante d será o seu nó a montante você onde as informações registradas no BQ removido, deixando apenas, e fazer o tick associatividade, ou seja, u, d, estabilidade de ligação. BQ saída de rádio, chegou ao destino, já está registado no caminho da fonte para o destino de todos os ticks de associatividade, destino com base nesta informação será adicionado ao total de ticks de associatividade pode ser obtido, respetivamente, a estabilidade de cada caminho, destino e assim escolher o caminho mais adequado (mais estável), e, em seguida, ao longo do caminho para o terminal de origem enviar resposta, ao longo da rota através dos nós na sua tabela de roteamento informações sobre o estabelecimento deste caminho. O ABR também concebeu o caminho quando a ligação falha, quando o método de reconstrução. Quando a fonte se desloca, no re-BQ- REPLY aos passos acima referidos, se se tratar de um caminho de nós a meio caminho, então o nó a montante do nó móvel u é necessário efetuar Local Query (LQ [H]), é um salto restrito o número de BQ, que é o caminho para o processo de reconstrução, de modo a limitar a topologia perto da aproximação a mudar, se não tiver recebido uma resposta dentro do prazo previsto, deve enviar uma notificação de rota (Route Notification - RN), requisito de um nó que envia uma LQ [H], se não tiver sido bem sucedido na reconstrução do caminho (não recebeu a resposta do destino), o ponto médio do caminho entre a origem e o destino deixa de ser o início da LQ, mas diz diretamente à fonte para voltar a enviar uma BQ. Como mostra a figura 2.7.

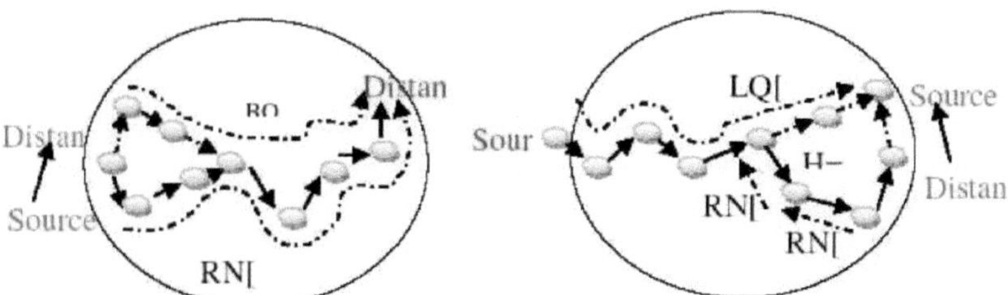

Figura 2.7: ABR: manutenção de rotas Manutenção de rotas para uma deslocação de origem. (B)

Manutenção do encaminhamento para uma deslocação de destino.

Vantagens: O ABR é livre de loops, deadlocks e duplicação de pacotes. O ABR define um novo encaminhamento para a rede Ad-hoc. Esta métrica é conhecida como grau de estabilidade da associação.

Desvantagens: Cada nó mantém três tabelas na rede, nomeadamente a tabela de encaminhamento, a tabela de vistos e a tabela de vizinhos. Isto torna-se uma sobrecarga constante, mesmo quando não há tráfego na rede. O ABR exige mais energia para processar a mensagem de sinalização.

- Encaminhamento da estabilidade do sinal (SSR)

O encaminhamento da estabilidade do sinal e o ABR também acrescentaram uma ligação à consideração da estabilidade, está dividido em protocolo de encaminhamento dinâmico e protocolo de encaminhamento estático em duas partes. DRP e ABR, uma vez que a utilização de nós adjacentes entre si para definir as ligações de transmissão de balizas são estáveis, mas o DRP apenas regista se são fortes ou fracas, ou seja, uma classificação qualitativa das ligações, em vez da ABR quantificada associativamente. O SRP, para utilizar as informações obtidas pelo DRP, no caminho para o estabelecimento do processo, exige que cada nó a jusante apenas no momento do pedido de rota a partir da ligação forte, a fim de continuar a transmitir o pedido de rota, selecione o primeiro a chegar ao destino final do pedido, ao longo da resposta do lado da fonte para estabelecer um caminho, de modo a que o SSR possa estabelecer uma ligação forte no menor tempo possível e no melhor caminho.

Vantagens: Os nós intermédios não podem enviar uma resposta ao pedido de rota enviado para o destino, o que resulta num atraso maior até que uma rota possa ser descoberta.

CAPÍTULO 3
Protocolos AODV e OLSR

3.1 Introdução

O encaminhamento em redes Ad hoc é feito com o objetivo de encontrar uma rota curta e optimizada desde a origem até ao nó de destino. Um protocolo de encaminhamento possível é um protocolo proactivo. A ideia deste protocolo é manter um registo das rotas de uma fonte para todos os destinos na rede. As vantagens de um protocolo proactivo são que a comunicação sofre um atraso mínimo e as rotas são mantidas actualizadas. As desvantagens são o tráfego de controlo adicional e o facto de as rotas poderem ser interrompidas, em resultado da mobilidade, antes de serem efetivamente utilizadas ou mesmo de nunca serem utilizadas, uma vez que pode não ser necessária qualquer comunicação de uma fonte específica para um destino. Um exemplo de um protocolo proactivo é o protocolo OLSR (Optimized Link State Routing).

Outra forma de encaminhamento numa MANET são os protocolos reactivos, também designados por protocolos a pedido. Utilizam o conceito de aquisição de informações sobre o encaminhamento apenas quando necessário. Uma vantagem é que é necessária menos largura de banda para manter as tabelas de encaminhamento. A desvantagem é que, quando uma rota é necessária, há um atraso não negligenciável, uma vez que antes de utilizar a rota para uma comunicação específica, esta tem de ser determinada. Um exemplo de um protocolo reativo é o Ad hoc On-Demand Distance Vetor Routing.

Os dois protocolos (OLSR e AODV) foram escolhidos para serem apresentados a fim de serem comparados com o protocolo proposto.

3.2 Roteamento Ad hoc On-Demand Distance Vetor

O protocolo Ad Hoc On-Demand Vetor Routing (AODV) [31] é um protocolo de encaminhamento reativo para redes ad hoc e móveis que mantém rotas apenas entre nós que necessitam de comunicar. As mensagens de encaminhamento não contêm informações sobre todo o trajeto da rota, mas apenas sobre a origem e o destino. Por conseguinte, as mensagens de encaminhamento não têm um tamanho crescente. Utiliza números de sequência de destino para especificar o grau de atualidade de uma rota (em relação a outra), o que é utilizado para garantir a ausência de ciclos.

O AODV tira partido das tabelas de rotas para armazenar informações de encaminhamento como o destino e os endereços do próximo salto, bem como o número de sequência de um destino. Além disso, um nó também mantém uma lista dos nós precursores, que passam por ele, para facilitar a manutenção da rota após a quebra da ligação. Para evitar o armazenamento de informações e a manutenção de rotas que já não são utilizadas, cada entrada da tabela de rotas tem um tempo de vida. Se durante esse tempo a rota não tiver sido utilizada, a entrada é descartada.

3.2.1 Tabelas de encaminhamento

Cada entrada na tabela de encaminhamento contém as seguintes informações [31]: o endereço do destino, o salto seguinte, o número de saltos, o número de sequência do destino, os vizinhos activos para esta rota e o tempo de expiração para esta entrada na tabela de encaminhamento. O tempo de expiração, também designado por tempo de vida, é reiniciado sempre que a rota é utilizada.

O novo tempo de expiração é a soma da hora atual com um parâmetro denominado active route timeout. Este parâmetro, também designado por route caching timeout, é o tempo após o qual a rota é considerada inválida, pelo que os nós que não se encontram na rota determinada pelos RREP eliminam as suas entradas inversas. Se o tempo limite da rota ativa for suficientemente grande, as reparações de rotas manterão as rotas.

3.2.2 Descoberta de rotas

Sempre que um nó precisa de enviar um pacote para um destino, começa por verificar na sua própria tabela de encaminhamento se existe uma entrada para esse nó de destino. Se não for esse o caso, o nó de origem tem de iniciar uma descoberta de rota. Isto é feito através da criação de uma mensagem RREQ, incluindo a contagem de saltos até ao destino, o endereço IP da fonte e do destino, os números de sequência de ambos, bem como o ID de difusão do RREQ. Este ID e o endereço IP do nó de origem formam, em conjunto, um identificador único do RREQ. Quando o RREQ é criado, o nó de origem transmite-o e define um temporizador para esperar por uma resposta. Quando o destino pretendido (ou um nó intermédio que tenha uma rota "suficientemente fresca" para o destino) recebe o RREQ, responde enviando uma Route Reply (RREP). O RREP é enviado de volta para o originador do RREQ (figura 3.1). Em cada intermediário

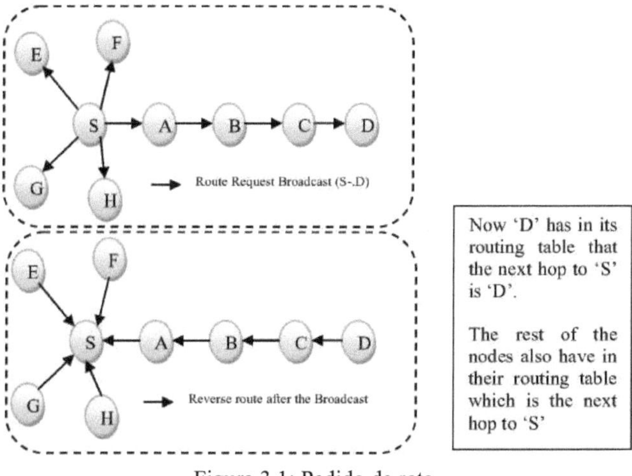

Figura 3.1: Pedido de rota.

No caso de um nó intermédio responder a um RREQ, é definida uma rota para o destino (mais uma vez, a menos que o nó tenha uma rota mais recente do que a especificada no RREP). No caso de o RREQ ser respondido por um nó intermédio (e se o RREQ tiver definido esta opção), o nó intermédio também envia um RREP para o destino. Desta forma, pode garantir-se que o caminho da rota está a ser criado bidireccionalmente. No caso de um nó receber uma nova rota (por um RREQ ou por um RREP) e já possuir uma rota "tão recente" como a recebida, será actualizada a rota mais curta. Se houver uma sub-rede (um conjunto de nós identificados por um prefixo de rede comum) que não utilize o AODV como protocolo de encaminhamento e que pretenda trocar informações com uma rede AODV, um dos nós da sub-rede pode ser selecionado como seu "líder de rede". O líder da rede é o único modo da sub-rede que envia, encaminha e processa mensagens de encaminhamento AODV. Em cada RREP que o líder emite, define o tamanho do prefixo da sub-rede. Opcionalmente, o originador do RREQ pode enviar uma mensagem de confirmação de resposta ao itinerário (RREP-ACK) para confirmar a receção do RREP. A mensagem RREP-ACK não tem informação mutável [32].

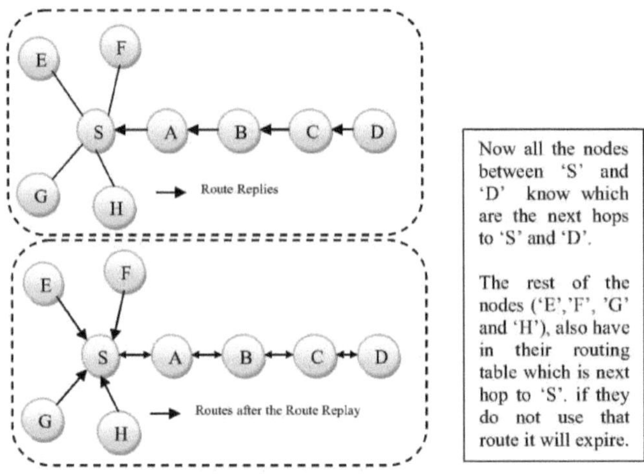

Figura 3.2: Resposta ao itinerário.

Para além destas mensagens de encaminhamento, é utilizada uma mensagem de erro de rota (RERR) para notificar os outros nós de que determinados nós já não são acessíveis devido a uma quebra de ligação (figura 3.3). Quando um nó retransmite uma RERR, apenas adiciona os destinos inalcançáveis.

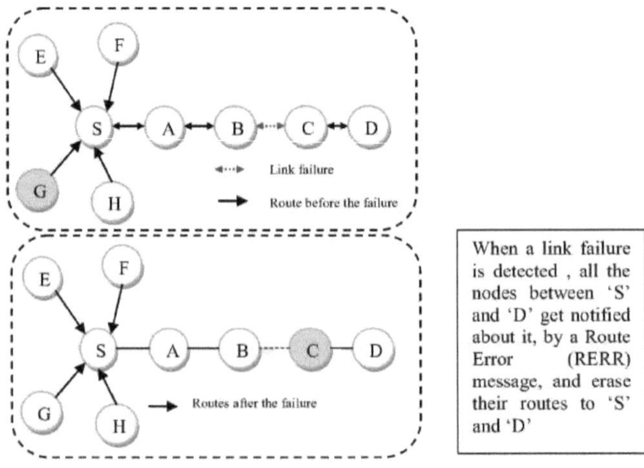

Figura 3.3: Erro de rota.

Para os quais o nó pode encaminhar mensagens. Por conseguinte, a informação mutável num RERR é a lista de destinos inalcançáveis e o contador de destinos inalcançáveis incluídos na mensagem. De qualquer modo, é previsível que, em cada salto, a lista de destinos inalcançáveis não se altere ou se torne um subconjunto da lista original.

3.2. 3Manutenção de rotas

Quando uma rota é estabelecida, é mantida pelo nó de origem enquanto a rota for necessária. Os movimentos de um nó afectam apenas as rotas que passam por esse nó específico e, por conseguinte, não têm efeitos globais. As mensagens HELLO podem ser utilizadas para detetar e monitorizar ligações a vizinhos. Nesse caso, cada nó transmite mensagens HELLO periódicas a todos os seus vizinhos. Quando uma ligação quebrada é detectada, seja por um reconhecimento da camada MAC ou pela não receção de mensagens HELLO, o nó a montante envia uma mensagem de erro de rota (RERR) a todos os nós predecessores que utilizam a ligação quebrada para chegar aos seus respectivos destinos. O pacote RERR é propagado em direção à fonte e a rota é eliminada da tabela de encaminhamento. O nó B detecta uma quebra de ligação e envia uma mensagem RERR ao nó A. Quando um nó recebe uma RERR, verifica primeiro se o nó que enviou a RERR é o seu próximo salto para qualquer um dos destinos listados na RERR. Se o nó remetente for o próximo salto para qualquer um desses destinos, o nó invalida essas rotas na sua tabela de rotas e, em seguida, propaga o RERR de volta para a fonte. O RERR continua a ser encaminhado desta forma até ser recebido pela fonte.

Quando a fonte recebe a mensagem RERR, pode reiniciar a descoberta de rotas se ainda precisar de uma quebra. O nó B invalida as suas entradas na tabela de rotas para os nós C e D (Figura 3.4), cria uma mensagem RERR listando estes nós e envia a RERR para montante em direção à fonte.

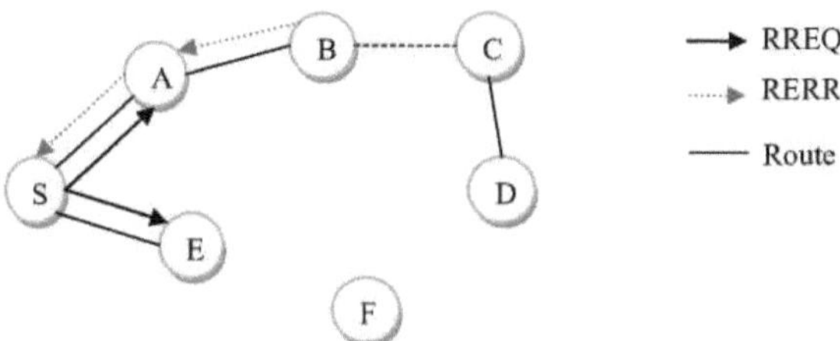

Figura 3.4: Manutenção da rota no AODV.

Uma vez estabelecida a rota, é utilizado um protocolo de manutenção da rota para fornecer informações sobre as ligações da rota e para permitir que a rota seja modificada em caso de perturbação devido ao movimento de um ou mais nós ao longo da rota. A manutenção da rota descoberta/estabelecida é necessária por duas razões principais: em primeiro lugar, para obter estabilidade na rede e, em segundo lugar, para reduzir a sobrecarga excessiva necessária para descobrir uma nova rota. Cada vez que a rota é usada para encaminhar um pacote de dados, seu tempo de expiração é atualizado para ser o tempo atual mais o Active Route Timeout (ART) [31]. O ART é um valor constante que define quanto tempo uma nova rota descoberta deve ser mantida na tabela de encaminhamento de um nó após a última transmissão de um pacote nessa rota. O ART é definido tanto para o nó de origem como para os nós intermédios da rede. Se uma rota não for utilizada durante este período predefinido, um nó (de origem ou intermédio) não pode ter a certeza se a rota ainda é válida ou não e remove a rota da sua tabela de encaminhamento, para evitar perdas desnecessárias de pacotes.

No encaminhamento AODV, os movimentos dos nós afectam apenas as rotas que passam pelo nó específico e, por conseguinte, não têm efeitos globais. Se o nó de origem se deslocar enquanto tem uma sessão ativa e perder a conetividade com o próximo salto da rota, pode retransmitir um RREQ. Quando o destino ou algum nó intermédio se desloca, inicia uma mensagem RERR e transmite-a aos seus nós precursores e marca a entrada do destino na tabela de rotas como inválida, definindo a sua distância para infinito. É mantida uma lista de nós vizinhos activos para controlar os nós vizinhos que estão a utilizar a entrada para encaminhar os pacotes de dados. Caso a ligação ao próximo salto seja interrompida, estes nós vizinhos são notificados com pacotes RERR. Cada um desses nós vizinhos, por sua vez, reencaminha o RERR para a sua própria lista de vizinhos activos, invalidando assim todas as rotas que utilizam a ligação quebrada [33].

3.3 Protocolo de encaminhamento de estado de ligação optimizado (OLSR)

A funcionalidade do OLSR pode ser dividida em três módulos principais:

Neighbor sensing, multipoint relaying e link-state flooding. também a maior parte do tráfego de controlo é gerado com base no conjunto de repositórios mantidos pelo OLSR. Estes conjuntos de dados são também actualizados dinamicamente com base na receção de mensagens de controlo.

A figura (3.5) apresenta uma panorâmica dos repositórios de informação no OLSR e as suas relações com o processamento de mensagens, a geração de mensagens e o cálculo de rotas. As mensagens HELLO recebidas desencadeiam actualizações no conjunto de ligações que, por sua vez, desencadeiam actualizações no conjunto de vizinhos, o que, por sua vez, desencadeia novamente o recálculo do conjunto MPR. O conjunto de vizinhos de 2 saltos também é atualizado com base na receção de mensagens HELLO, desencadeando novamente um novo cálculo do conjunto MPR. Finalmente, o conjunto de selectores MPR é atualizado de acordo com a informação recebida nas mensagens HELLO. As mensagens TC recebidas desencadeiam actualizações no conjunto de topologia, enquanto o conjunto MID é atualizado após a receção de mensagens MID. Todas as mensagens recebidas serão também registadas no conjunto duplicado, caso ainda não tenham sido registadas [34].

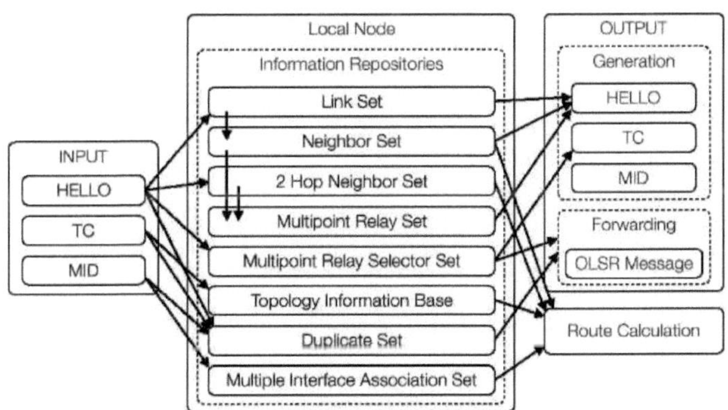

Figura 3.5: Apresenta uma visão geral dos repositórios de informação no OLSR.

Ao gerar mensagens HELLO, o conjunto de ligações, o conjunto de vizinhos e o conjunto de MPR são consultados. Ao gerar mensagens TC, é consultado o conjunto de selectores MPR. Ao reencaminhar o tráfego de controlo, são utilizados o conjunto de selectores MPR e o conjunto de duplicados.

Por último, o cálculo da rota baseia-se nas informações obtidas do conjunto de vizinhos, do conjunto de vizinhos de 2 saltos, do conjunto de TC e do conjunto de MID.

3.3.1 Descoberta de vizinhos

Obviamente, o OLSR precisa de alguns mecanismos para detetar os vizinhos e o estado das linhas de comunicação com eles. Para o efeito, são emitidas mensagens HELLO a intervalos regulares. Uma versão muito simplificada de uma sessão de descoberta de vizinhos utilizando mensagens HELLO, como mostra a figura 3.6. O nó (A) começa por enviar uma mensagem HELLO vazia. O nó (B) recebe esta mensagem e regista A como um vizinho assimétrico devido ao facto de o nó (B) não conseguir encontrar o seu próprio endereço na mensagem HELLO. O nó (B) envia então uma mensagem HELLO declarando o nó (A) como vizinho assimétrico. Quando A recebe esta mensagem, encontra nela o seu próprio endereço e, por conseguinte, define o nó (B) como vizinho simétrico. Desta vez, o nó (A) inclui o nó (B) na mensagem HELLO que envia, e o nó (B) regista o nó (A) como vizinho simétrico ao receber a mensagem HELLO.

Mas as mensagens HELLO também servem outros objectivos. São geradas e transmitidas a todos os vizinhos de um salto para obter deteção de ligações, deteção de vizinhos, deteção de vizinhos de dois saltos e deteção de selectores MPR.

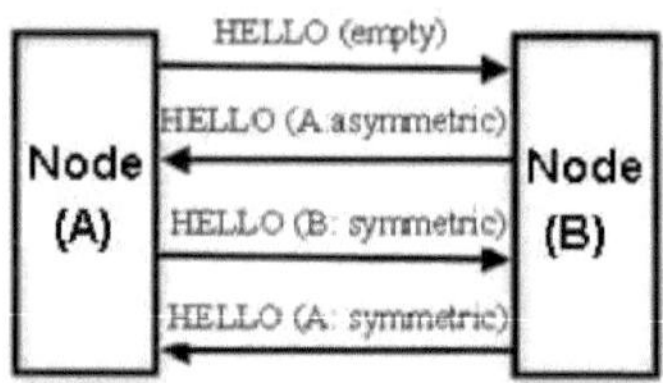

Figura 3.6: Uma sessão típica de descoberta de vizinhos usando mensagens HELLO.

Nas mensagens HELLO, os nós transmitem informações sobre todas as ligações e vizinhos conhecidos. Os tipos de vizinhos também são declarados. Isto inclui a declaração de quais MPRs o nó selecionou. Os links e vizinhos registados são agrupados por tipo de link e vizinho para otimizar a utilização de bytes. É muito importante observar que as mensagens HELLO são geradas por interface. Isso ocorre porque as mensagens HELLO são usadas para deteção de links, o que requer o uso de possíveis endereços não principais.

O formato da mensagem HELLO pode ser visto na figura 3.7. Esta mensagem é incluída como parte do corpo de uma mensagem OLSR num pacote OLSR, como se vê na figura 3.8. O código de ligação de 8 bytes contém informações sobre a ligação com o vizinho e o tipo de vizinho. O tipo de link descreve o estado do link e o tipo de vizinho descreve o estado do vizinho, incluindo informações MPR. Note-se que uma ligação pode ser definida como assimétrica enquanto o vizinho continua a ser definido como simétrico, se existirem várias ligações ao vizinho. Os dados do código de ligação de 8 bits são ordenados como mostra a figura 3.9.

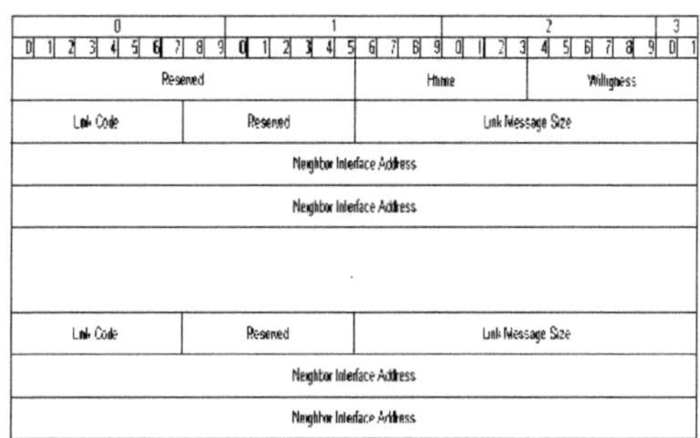

Figura 3.7: A mensagem HELLO do OLSR [35].

0 1 2 3 4 5 6 7 8 9 (0)	1 2 3 4 5 6 7 8 9 (1)	0 1 2 3 4 5 6 7 8 9 (2)	0 1 (3)
Packet Length		Packet Sequence Number	
Message Type	Vtime	Message Size	
Originator Address			
Time To Live	Hop Count	Message Sequence Number	
MESSAGE			
Message Type	Vtime	Message Size	
Originator Address			
Time To Live	Hop Count	Message Sequence Number	
MESSAGE			

Figura 3.8: O pacote OLSR genérico. [24].

7	6	5	4	3	2	1	0
				Neighbor Type		Link Type	

Figura 3.9: O campo de 8 bits do código de ligação.

3.3.2 Relés multiponto

Um nó N seleciona um subconjunto arbitrário dos seus vizinhos simétricos de 1 salto para encaminhar o tráfego de dados. Este subconjunto, designado por MPRset

[3.7], abrange todos os nós que se encontram a dois saltos de distância. O MPRset é calculado a partir de informações sobre os vizinhos simétricos de um e dois saltos do nó. Esta informação é extraída das mensagens HELLO. Semelhante ao MPRset, um conjunto de MPRSelectors é mantido em cada nó. Um conjunto MPRSelector é o conjunto de vizinhos que escolheram o nó como um MPR. Ao receber um pacote, um nó verifica o seu conjunto MPRSelector para ver se o remetente escolheu o nó como MPR. Em caso afirmativo, o pacote é encaminhado, caso contrário, o pacote é processado e descartado.

3.3.3 Seleção de nós de retransmissão multiponto

O MPRset é escolhido de modo a que um mínimo de vizinhos simétricos de um salto possa alcançar todos os vizinhos simétricos de dois saltos. Para calcular o MPRset, o nó deve ter informações sobre o estado da ligação de todos os vizinhos de um e dois saltos. Esta informação é, como já foi referido, recolhida a partir das mensagens HELLO.

3.3.4 3.4 Descoberta de vizinhança

Como as ligações numa rede ad hoc podem ser unidireccionais ou bidireccionais, é necessário um protocolo para determinar o estado da ligação. No OLSR, as mensagens HELLO servem, entre outros, este objetivo. As mensagens HELLO são difundidas periodicamente para deteção de vizinhos. Quando um nó recebe uma mensagem HELLO em que o seu endereço é encontrado, regista a ligação ao nó de origem como simétrica.

Como exemplo do funcionamento deste protocolo, considere dois nós A e B que ainda não estabeleceram ligações entre si. Primeiro, A emite uma mensagem HELLO vazia. Quando B recebe esta mensagem e não encontra nela o seu próprio endereço, regista na tabela de encaminhamento que a ligação a A é assimétrica. Em seguida, B transmite uma mensagem HELLO declarando A como um vizinho assimétrico. Ao receber esta mensagem e encontrar nela o seu próprio endereço, A regista a ligação como sendo simétrica. A transmite então uma mensagem HELLO declarando B como um vizinho simétrico, e B regista A como um vizinho simétrico ao receber esta mensagem, como mostra a figura 3.6.

Ao receber uma mensagem HELLO que não contenha o endereço do nó, o nó
regista na tabela de encaminhamento que a ligação ao nó de origem é assimétrica. O
nó envia então uma mensagem HELLO contendo o endereço do nó de origem e,
quando o nó de origem recebe esta mensagem e encontra o seu próprio endereço,
regista-se.

3.3.5 Informações sobre a topologia

As informações sobre a topologia da rede são extraídas dos pacotes de controlo
de topologia (TC). Estes pacotes contêm o conjunto de MPRSelectores de um nó e são
difundidos por todos os nós da rede, tanto periodicamente como quando são detectadas
alterações no conjunto de MPRSelectores. Os pacotes são inundados na rede utilizando
o mecanismo de retransmissão multiponto. Cada nó da rede recebe esses pacotes TC,
dos quais extrai informações para construir uma tabela de topologia.

CAPÍTULO 4

Protocolo de encaminhamento do vetor de distância sequenciado pelo destino melhorado

Esta secção apresenta uma breve panorâmica do protocolo proposto (Enhanced Destination-Sequenced Distance-Vetor Routing (E-DSDV)), em termos do seu funcionamento básico principal, a descoberta de rotas, a manutenção de rotas em caso de congestionamento e a atualização de tabelas.

4.1 Descrição do protocolo E-DSDV

O protocolo E-DSDV é um desenvolvimento do mecanismo de encaminhamento DSDV, baseado num protocolo de encaminhamento sem lacunas em que é calculado o caminho mais curto. Os pacotes de dados são transmitidos entre os nós utilizando tabelas de encaminhamento armazenadas em cada nó. Cada tabela de encaminhamento contém todos os destinos possíveis de um nó para qualquer outro nó na rede e também o número de saltos para cada destino.

O protocolo E-DSDV exige que os nós transmitam periodicamente pacotes de atualização da tabela de encaminhamento, independentemente do tráfego na rede. Estes pacotes de atualização são difundidos por toda a rede para que todos os nós da rede saibam como chegar a todos os outros nós. O protocolo E-DSDV utiliza a informação de encaminhamento que não é utilizada pela tabela de encaminhamento primária e constitui uma tabela de encaminhamento secundária que será utilizada para escolher uma rota alternativa em caso de falha de acesso ao destino ou de presença de congestionamento. Assim, o protocolo lida corretamente com o congestionamento.

4.2 Optimizações

São possíveis várias optimizações da operação básica de descoberta de rotas e de atualização da tabela de rotas, tal como descrito anteriormente, que podem reduzir o número de pacotes de sobrecarga e melhorar a eficiência das rotas utilizadas nos pacotes de dados. Segue-se uma descrição desses métodos de otimização.

4.2. 1Prioridade

Nas redes ad-hoc E-DSDV, a prioridade mais elevada é dada ao nó que trata a maior parte do tráfego intermédio entre os nós, pelo que os pacotes originados por este nó também obtêm a prioridade mais elevada na fila de pacotes dos outros nós da rede, o que motiva o nó a estar sempre ativo na rede, o que, por sua vez, oferece mais opções de percurso para aumentar a escalabilidade e o desempenho da rede.

4.2.2 Congestionamento

No cabeçalho do pacote, foi dedicado um byte para determinar o congestionamento e, através deste fator, determinar se o caminho alternativo é necessário ou não e, se houver necessidade de um caminho alternativo que tenha sido selecionado a partir de uma tabela de encaminhamento secundária, em comparação com o caminho que foi determinado a partir da tabela de encaminhamento primária, o caminho alternativo será utilizado se tiver um fator de congestionamento menor. Esta caraterística, se aplicada, significa que o tempo de transferência de dados é reduzido utilizando o caminho menos utilizado na rede. Como mostra a figura 4.1.

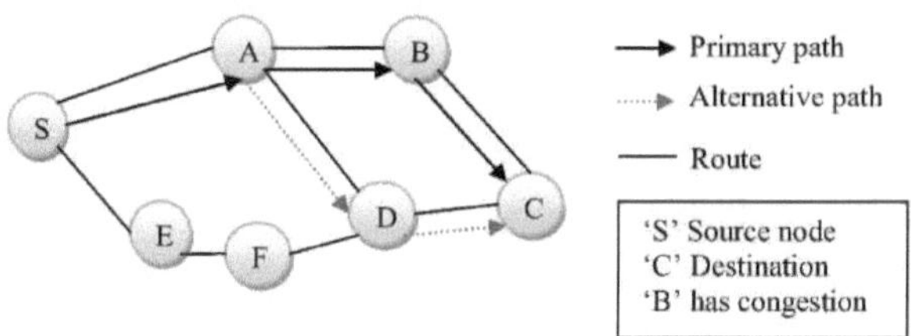

Figura 4.1: Congestionamento.

4.3 Tabela de encaminhamento

4.3.1 Formato do quadro

Qualquer nó tem uma tabela de rotas para enviar o pacote de acordo com as informações desta tabela, a tabela de rotas contém cinco campos que são:

- Nome do nó
- Número do nó
- Próximo nó
- Número dos nós intermédios
- Porta COM
- Hora da última atualização (ltime)
- Fator de tráfego

- Tempo de trânsito

Node name	Node number	Next node	# intermediate nodes	Com port	ltime	tr_factor	Tr_time

Figura 4.2: Exemplos da tabela de rotas.

4.3.2 Pacote de descoberta

O pacote de descoberta é um pacote de controlo com o tamanho de uma palavra, utilizado para ativar os nós para que verifiquem as suas tabelas de rotas e se certifiquem de que toda a informação contida na tabela de rotas está correta. O pacote de descoberta tem o formato apresentado na figura 4.3. O campo de destino indica o nó de destino do pacote e o campo de origem indica o nó de origem

Destination	Source

Figura 4.3: Pacote de descoberta.

4.3.3 Pacote fora de alcance

O pacote fora de alcance é um pacote de controlo que indica que a fonte deste pacote já não estará na rede. Este pacote tem o tamanho de uma palavra, como mostra a figura 4.4, o primeiro byte tem sempre valor zero, enquanto o byte seguinte indica o nó existente.

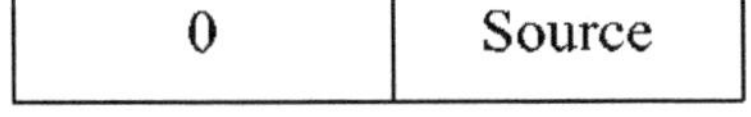

0	Source

Figura 4.4: Pacote fora de alcance.

Qualquer nó da rede que receba este pacote pela primeira vez reencaminha-o para todos os vizinhos e elimina o nó existente da tabela de rotas.

4.3.4 Actualizar e verificar a tabela do router

- Primeiro, o nó envia um pacote de ID a todos os vizinhos.
- Se este nó não existir em nenhuma tabela de vizinhos, armazena o nome do nó na sua tabela de rotas e responde com um pacote de ID ao nó que enviou o pacote de descoberta.
- Se não for recebida qualquer resposta ("no response"), isso significa que o nó tem de entregar um pacote que contém o número do nó e que diz aos nós para

eliminarem esse nó da tabela de rotas.

- Agora, o nó e o vizinho trocarão as suas tabelas de rotas.

- A tabela de rotas de cada nó pode ser alterada para adicionar ou remover um novo nó.

- Em caso de adição de um novo nó, o vizinho tem de comunicar a alteração aos outros nós para que todos os nós da rede tenham conhecimento do novo nó.

- Se um nó quiser sair da rede, os outros nós devem ter conhecimento desse facto, pelo que recebem um pacote que contém o número desse nó.

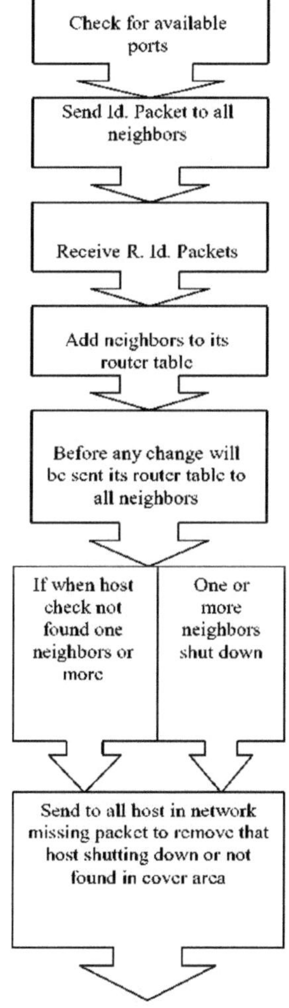

Figura 4.5: Fluxograma de atualização e verificação da tabela de routers.

4.3.5 Adicionar   informações de encaminhamento à tabela

O procedimento de adição ou edição da informação de encaminhamento de um nó. O utilizador deve receber os seguintes atributos:

1- Nome.

2- Número.

3- Número de saltos (a abreviatura utilizada no programa é não).

4- Próximo nó.

5- Número Com.

Após o utilizador ter introduzido os atributos anteriores, o programa vai fazer uma operação de comparação entre os dados recebidos pelo utilizador e a tabela de router de dados já existente, e aqui vão existir duas perspectivas:

1. A primeira perspetiva se nenhum dos dados recebidos tiver sido encontrado numa tabela de encaminhamento, neste caso o programa deve seguir o procedimento para armazenar os novos dados recebidos.

2. A segunda perspetiva é: se os dados recebidos do utilizador tiverem sido encontrados na tabela de encaminhamento, o programa, neste caso, seguirá uma nova operação de comparação, desta vez entre o número de saltos recebidos e o número de saltos já encontrados na tabela de encaminhamento, desta comparação resultam três perspectivas:

- A primeira perspetiva é a seguinte: se o número de saltos recebidos for superior ao número de saltos encontrados, nesse caso o programa ignorará qualquer operação de adição de novas informações de controlo na tabela de encaminhamento, e será adicionado o procedimento de adição dessas informações na tabela secundária, como ilustrado no sector n.º (4.1.6).

- A segunda perspetiva é: se o número de saltos recebidos for inferior ao número de saltos encontrados, nesse caso o programa seguirá o procedimento para atualizar a tabela de encaminhamento.

- A terceira perspetiva é: se ambos os números recebidos e o número de salto encontrado forem iguais, neste caso o programa efectuará uma nova comparação, mas desta vez entre o número de com recebido introduzido pelo utilizador e o número de com encontrado na tabela de encaminhamento, desta comparação resultarão duas possibilidades:

1-Ambos os números com são iguais, neste caso o programa negligenciará qualquer operação de adição ou edição.

2-Neste caso, ambos os números com não são iguais, o programa deve atualizar os novos dados introduzidos pelo utilizador na tabela de routers.

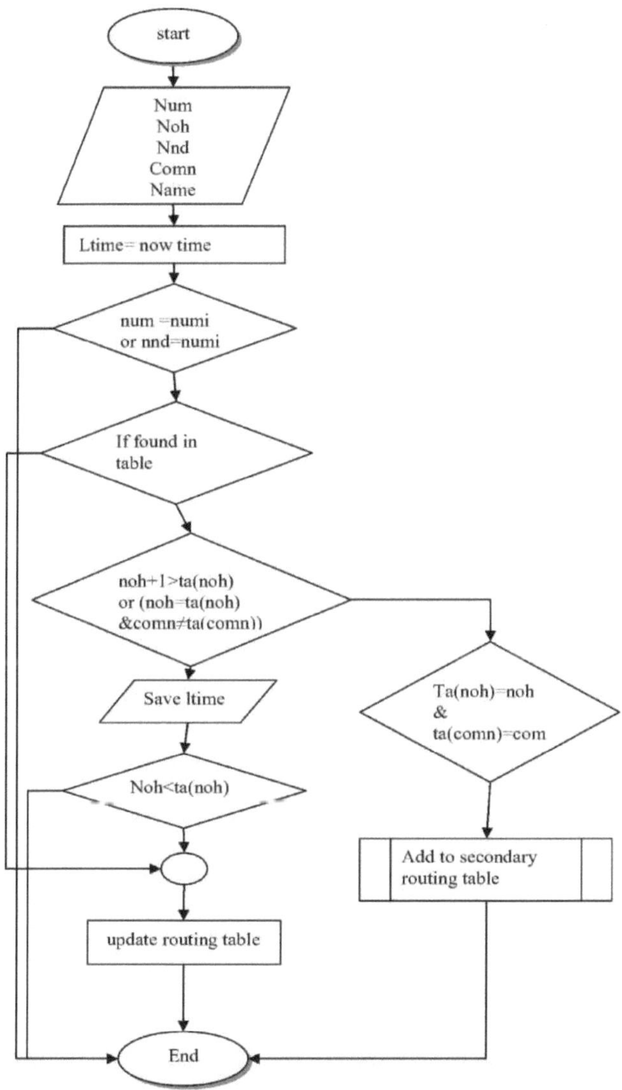

Figura 4.6: Adicionar ou editar informações de encaminhamento da tabela.

4.3.6 Adicionar   informações de encaminhamento à tabela secundária

O objetivo da tabela secundária será descrito nesta secção. É utilizada para armazenar informações de encaminhamento que não são utilizadas pela tabela primária. As informações de encaminhamento na tabela secundária serão utilizadas quando necessário. O processo de configuração da tabela é efectuado de acordo com o diagrama da figura 4.7.

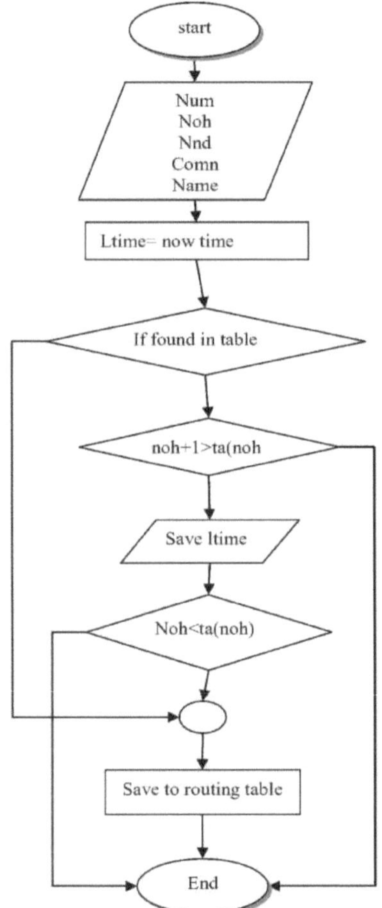

Figura 4.7: Adicionar ou editar informações de encaminhamento da tabela secundária.

No caso de o caminho determinado pela tabela subjacente ter um problema, por exemplo:

1 - Ocorre uma falha na interface que torna o caminho inutilizável.

2 - Falha de um dos nós utilizados como intermediário para transmitir dados.

3 - Um encravamento no nó seguinte .

Em caso de problema na tabela acima referida, será escolhido um novo caminho com base nas informações de encaminhamento da tabela secundária. Em caso de congestionamento, compara o caminho iniciado pela tabela primária com o caminho escolhido na tabela secundária. A comparação será feita com base no fator de congestionamento . Assim, será selecionado o caminho com menor fator de congestionamento .

- Identificação do nó

A identificação do nó produz-se quando um nó pretende aceder à rede, enviando o seu pacote de identificação através das portas abertas Id. O pacote contém o número do nó e o nome do nó, como mostra a figura 4.8.

Header	Node's Number	Node's Name

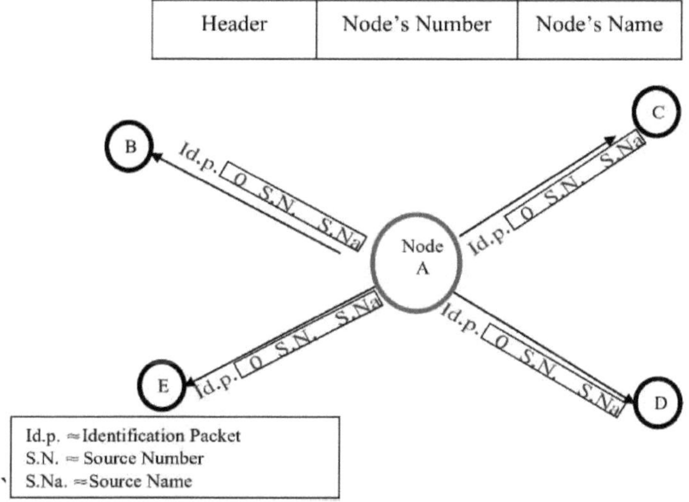

Figura 4.8: Cenário de identificação.

Os vizinhos que receberam esse pacote enviam pacotes de identificação de repetição contendo o número do vizinho, o nome do vizinho, o número do nó e o nome do nó. Como mostra a figura 4.9.

Header	Number of neighbors	Name of neighbor	Number of nodes	Name of node

Figura 4.9: Pacote de identificação.

O nó adiciona todos os vizinhos à sua própria tabela de encaminhamento, que contém a seguinte informação: o vizinho guardou o seu número, nome, número de saltos (Noah) igual a 1 e conforto, depois deve obter a tabela de vizinhos e adicioná-los à sua tabela, após a adição envia a sua tabela a todos os vizinhos.

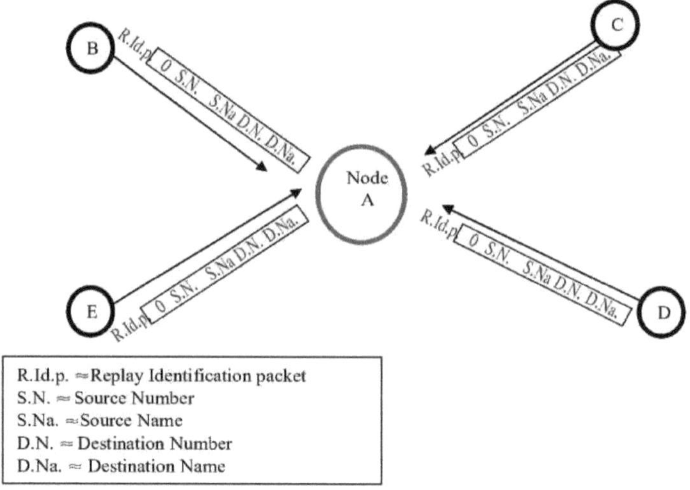

Figura 4.10: Repetição dos vizinhos.

4.3.7 Envio de mensagem

Um nó que queira enviar uma mensagem a outro nó, seleciona o nó de destino a partir da lista de destinos, escreve a mensagem e guarda-a na memória intermédia e, em seguida, envia o pacote de descoberta que contém o número de destino e o número de origem, selecionando o nó seguinte com base nas informações da tabela atual.

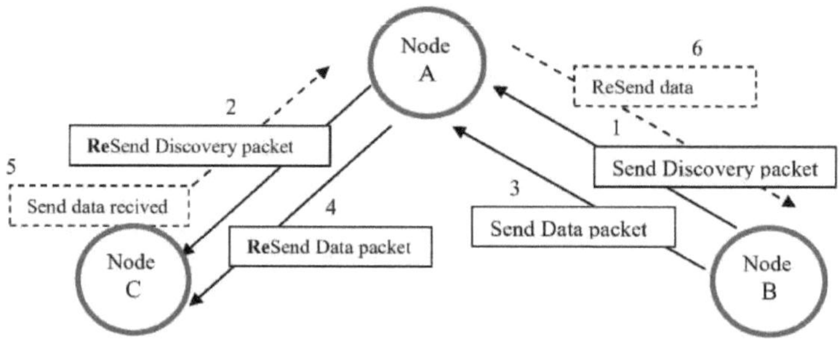

Figura 4.11: Enviar mensagem.

A única função do pacote de descoberta é detetar qualquer alteração de melhoria na topologia da rede. Qualquer nó que receba o pacote de descoberta actualiza automaticamente a sua tabela de encaminhamento. A fonte aguarda, se o sinal de falha for recebido, actualiza automaticamente a sua tabela de encaminhamento e reenvia a mensagem que contém o destino, se a tabela não contiver o destino, a mensagem será removida e a mensagem não foi enviada, se o sinal de falha não for recebido, a mensagem é enviada de acordo com a tabela de atualização e aguarda a confirmação, se for recebida, o nó está pronto para enviar outra mensagem, se não for recebida, a mensagem falha e a fonte verifica a atualização.

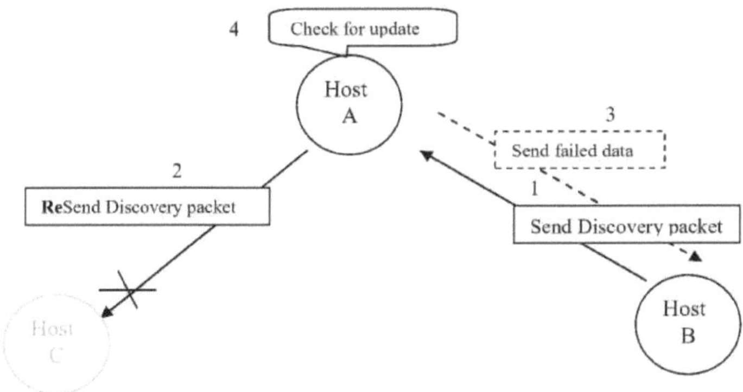

Figura 4.12: Falha no envio do pacote de descoberta.

4.3.8 Falhado

Quando um nó recebe um pacote e esse nó não é o destino pretendido, esse pacote será encaminhado para o nó seguinte de acordo com a tabela de encaminhamento. Se o destino deste pacote não existir na tabela de encaminhamento, isso significa que o pacote não está a conseguir chegar ao destino, pelo que esse nó enviará o pacote falhado para a fonte do pacote. Este pacote falhado contém o destino que não foi encontrado na tabela de encaminhamento. Qualquer nó que receba o pacote falhado removerá o destino indicado no pacote falhado e, em seguida, actualizará a tabela de encaminhamento.

CAPÍTULO 5

Comparação dos resultados do E-DSDV, AODV e OLSR

5.1 Visão geral

Sendo um protocolo pró-ativo, o OLSR e o E-DSDV impõem uma grande sobrecarga de tráfego de controlo na rede, o que consome largura de banda. A manutenção de uma tabela de encaminhamento actualizada para toda a rede exige uma comunicação excessiva entre os nós, uma vez que as actualizações periódicas e desencadeadas são inundadas por toda a rede, mas para redes pequenas o ganho é mínimo.

No entanto, o protocolo E-DSDV foi concebido para minimizar o atraso de extremo a extremo quando o caminho de encaminhamento está congestionado.

O AODV é mais sensível à utilização de recursos.

Como o tráfego de controlo é quase só emitido durante a descoberta de rotas, a maior parte do consumo de recursos e de largura de banda está relacionada com o tráfego de dados real. Mas demora mais tempo a conhecer o caminho de encaminhamento.

5.2 Ambientes experimentais

Os protocolos de encaminhamento foram concebidos e implementados em ambiente experimental utilizando o Visual Basic V6, que é amplamente utilizado. O número máximo de nós utilizados é 7, o tempo experimental foi de 91 milissegundos, o tamanho do pacote é de 4096 bits e a taxa de dados é de 560000 bits por segundo. A topologia da rede está representada na figura 5.1.

Um nó móvel é inicialmente colocado numa localização aleatória na área da rede. Para efeitos experimentais, o ambiente selecionado é o tempo de pausa. O tempo de pausa varia entre 0 e 91 mseg.

"O tempo de pausa é um tempo em que todos os nós da rede estão imóveis, mas a transmissão é contínua. Todos os trabalhos experimentais foram efectuados utilizando um protocolo de encaminhamento (AODV, OLSR, E-DSDV).

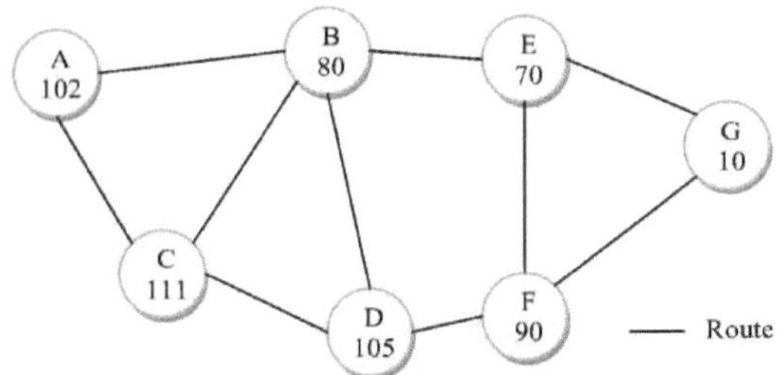

Figura 5.1: Rede ad hoc testada.

Os valores dos parâmetros de desempenho que foram medidos foram definidos da seguinte forma:

1) Débito (bits/s):-

A taxa de transferência é a medida do número de pacotes transmitidos com êxito para o seu destino final por unidade de tempo.

2) Atraso médio de extremo a extremo (atraso médio E2E)

Representa o tempo que o pacote gasta para chegar ao destino.

Atraso E2E = tempo de receção - tempo de envio

O atraso médio de extremo a extremo pode ser calculado através da soma dos tempos de todos os pacotes recebidos, dividida pelo seu número total.

3) Carga de encaminhamento normalizada (NRL)

É o número de pacotes de encaminhamento transmitidos por cada pacote de dados entregue.

O NRL = número de pacotes de encaminhamento/número de pacotes recebidos.

5.3 Resultados experimentais

Nestas comparações experimentais entre o protocolo E-DSDV, o protocolo AODV e o protocolo OLSR.

5.2.1 O efeito do congestionamento

Nas redes ad hoc. Se, durante um curto intervalo de tempo, o espaço disponível na memória intermédia do destino for inferior ao necessário para o tráfego que chega, ocorre uma perda de pacotes. Do mesmo modo, se o tráfego total tiver entrado na ligação com mais do que a sua largura de banda, diz-se que a ligação está congestionada.

No protocolo E-DSDV, quando ocorre um congestionamento num nó intermédio, há a possibilidade de escolher um caminho diferente com menos congestionamento com base na informação de encaminhamento numa tabela de encaminhamento secundária.

Esta situação foi apresentada no cenário (a) (caso 2.1 e caso 2.2). O caso 2.1 ilustra a transferência de dados sem selecionar uma rota alternativa no protocolo AODV e no protocolo OLSR e o caso 2.2 mostra a escolha de uma rota alternativa com base no protocolo E-DSDV.

A figura (5.2) representa o cenário que pode ocorrer quando se enviam pacotes de dados do nó de origem (A) para o nó de destino (G) através do caminho que foi selecionado com base numa técnica de encaminhamento utilizada para diferentes encaminhamentos E- DSDV na comparação .

Cenário (a) quando o pacote de dados é enviado do nó de origem (A) para o nó de destino (G) neste cenário o caminho foi selecionado A~B~E~G . então o nó (E) fica congestionado.

Caso 2.1 : Aplicação dos protocolos AODV e OLSR

Os protocolos AODV e OLSR são utilizados para transferir pacotes de dados do nó de origem (A) para o nó de destino (G) e, no nó (E), aguardar que os dados terminem para lidar com o atraso de acesso aos dados anteriores para chegar ao destino, devido ao congestionamento no nó (E), o atraso aumentará, o que pode causar a rejeição do pacote. A figura 5.2 mostra o seguinte.

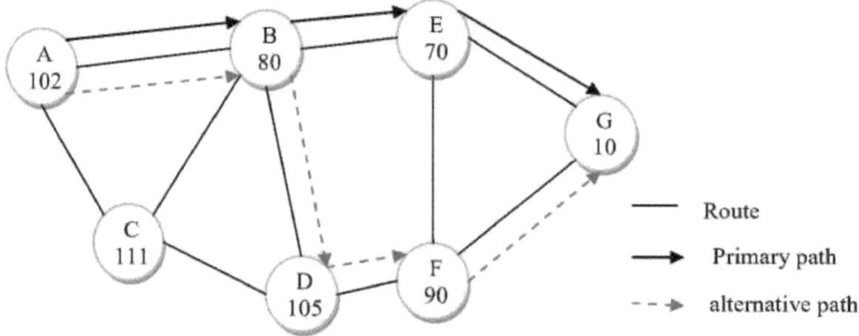

Figura 5.2: A topologia da rede no cenário (a).

Caso 2.2: Aplicação do protocolo E-DSDV

No protocolo E-DSDV, lida-se com o congestionamento no nó (E) selecionando um caminho alternativo com menos congestionamento em comparação com o caminho primário e o caminho secundário. Neste caso, o algoritmo do nó (b) comparou o nó (E) com o nó (D) e selecionou o nó (D) para transmitir os pacotes. Como mostra a figura (5.2).

No cenário (a), os três protocolos de encaminhamento são avaliados com base em três métricas de desempenho, que são o Atraso de Fim-de-Fim, a Taxa de Transferência e a Carga de Encaminhamento Normalizada.

- Atraso de ponta a ponta:-

Ao aplicar diferentes protocolos, o OLSR apresenta um atraso médio de ponta a ponta mais longo. O protocolo E-DSDV apresenta o menor atraso extremo-a-extremo do pacote de dados em comparação com os outros, como mostra a figura 5.3.

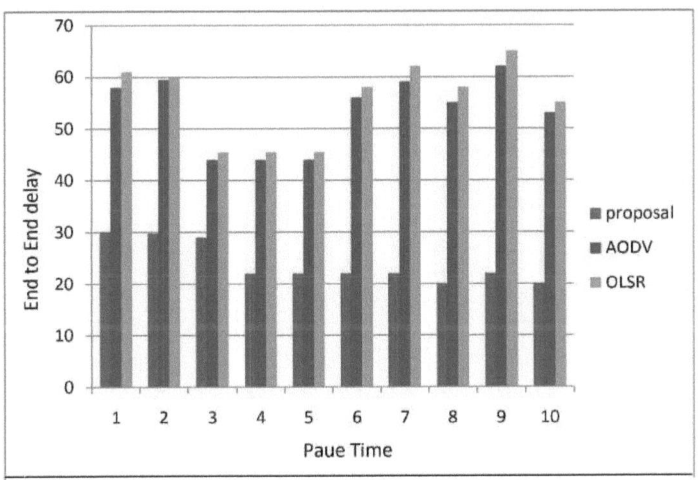

Figura 5.3: Atraso de extremo a extremo no cenário (a).

- Rendimento :-

A Figura 5.4 mostra que a taxa de transferência de receção é máxima no tempo de pausa 84 para o protocolo E-DSDV devido à seleção de um caminho alternativo com menos congestionamento em comparação com o caminho da rota primária e o caminho da rota secundária.

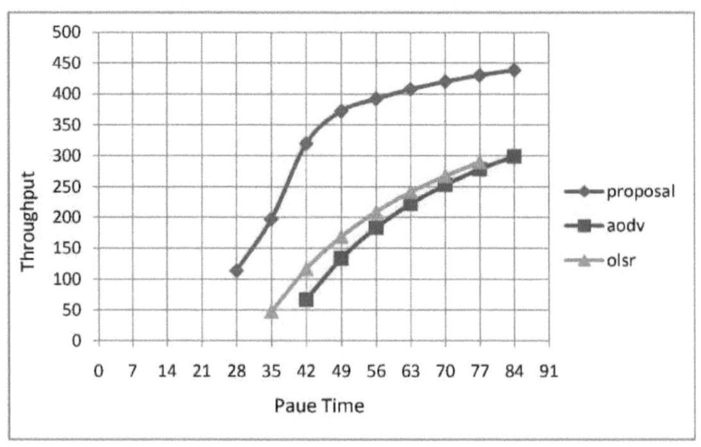

Figura 5.4: Taxa de transferência v/s tempo de pausa no cenário (a)

- Carga de encaminhamento normalizada (NRL)

A Figura 5.5 mostra a carga de encaminhamento normalizada para a rede. O E-DSDV tem a menor sobrecarga. O AODV tem maior sobrecarga de encaminhamento, mas ainda é quase igual à do OLSR.

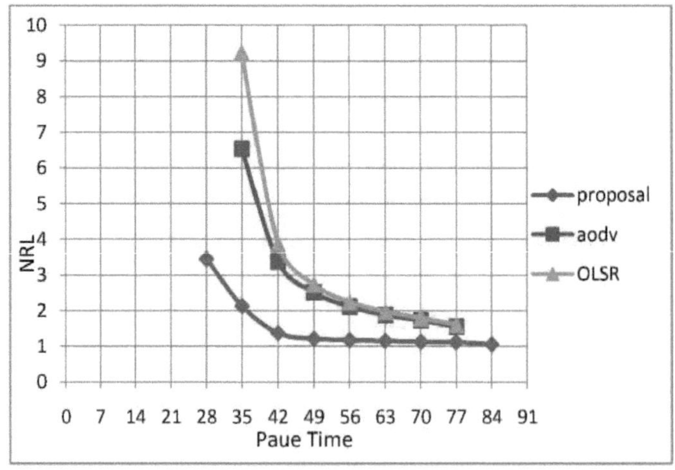

Figura 5.5: NRL v/s tempo de pausa no cenário (a).

5.3.2 O efeito da falha do nó e da ligação

Tanto o protocolo E-DSDV como o OLSR são testados com uma estratégia proactiva. Assim, se um nó quiser comunicar com outro nó, tem de consultar a tabela de encaminhamento para selecionar a melhor rota para o destino. Enquanto o protocolo AODV se baseia numa estratégia reactiva.

Assim, o processo de descoberta de rotas do protocolo tem de ser inicializado, a menos que uma rota válida já esteja armazenada em cache, o que faz com que os protocolos OLSR e E-DSDV tenham o melhor desempenho em redes sensíveis ao atraso.

<u>Cenário (b):</u>

Quando se enviam dados do nó de origem (A) para o nó de destino (G) através do caminho que foi selecionado pelas técnicas de encaminhamento seguidas por cada protocolo dos protocolos AODV , OLSR e E-DSDV E o caminho A-B-E-G foi atribuído como caminho do nó de origem para o destino .

Neste cenário, ocorre uma falha no caminho (E~G), como mostra a figura 5.6.

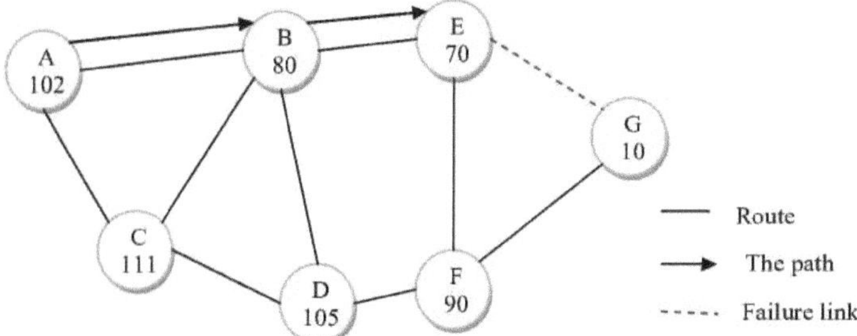

Figura 5.6: A topologia da rede no cenário (b).

Case 3.1:   Aplicação do protocolo AODV

Nas redes que utilizam o protocolo AODV, quando um pacote de dados é enviado do nó de origem (A) para o destino (G). Através do caminho A-B-E-G como indicado na figura (5.7).

De repente, ocorre uma falha no caminho na ligação (E~G). O nó (e) cria uma mensagem de erro de rota (RERR) quando detecta a falha. O nó (e) envia a mensagem RERR para a fonte (nó a) utilizando o caminho (E~B~A). Quando o nó A recebe uma mensagem RERR, redescobre a rota, o que significa que demora mais tempo a redescobrir o destino (nó G), tal como representado na figura 5.8.

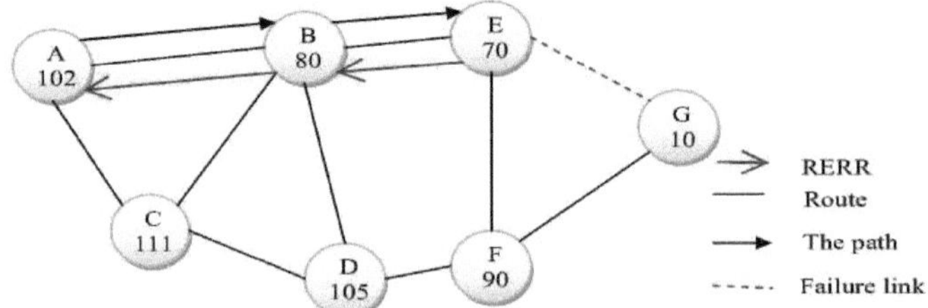

Figura 5.7: Enviar dados e enviar um RERR.

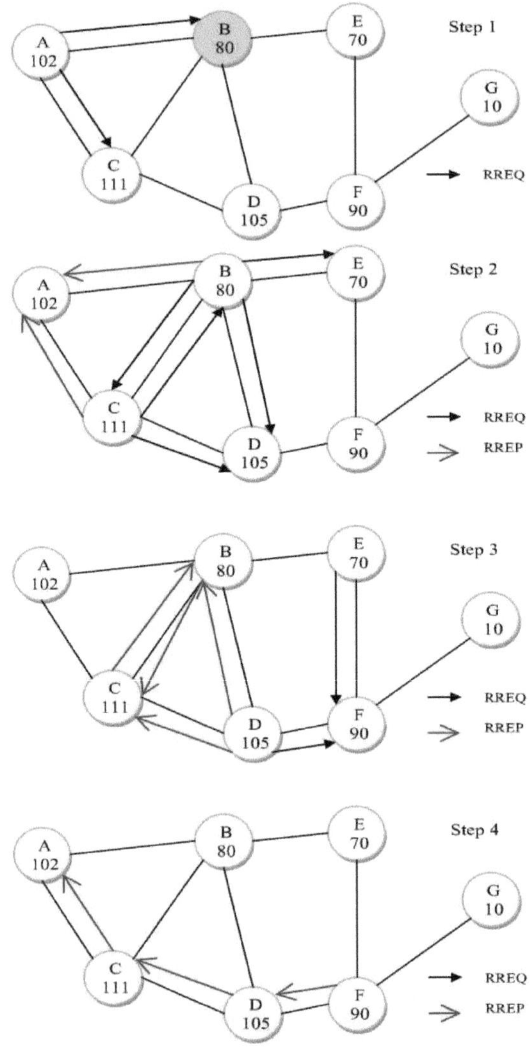

Figura 5.8: Mostrar como redescobrir o caminho.

Depois de redescobrir o caminho, o nó (A) reenvia os dados para o nó (G) utilizando o novo caminho (A~C~D~F~G), como mostra a figura 5.9.

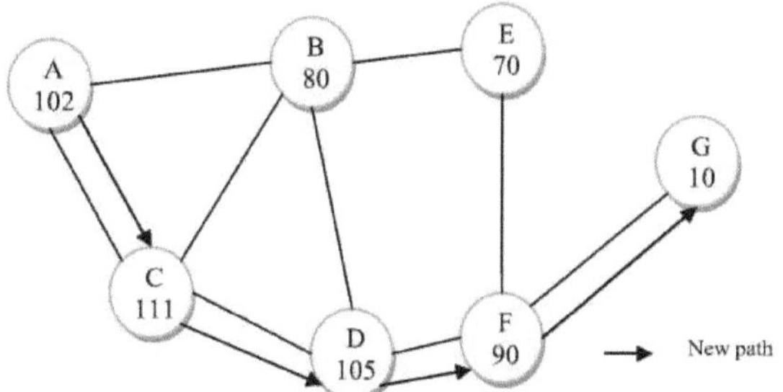

Figura 5.9: Após redescoberta.

Case 3.2:   Aplicação do protocolo OLSR

Nas redes que utilizam o protocolo OLSR, em caso de falha de uma ligação (E~G), ocorre uma falha no envio de dados de A para G . Quando o nó E recebe um pacote de dados que é suposto ser encaminhado, mas não tem uma rota para o destino. O nó E recalcula a rota para o nó G e obtém E~F~G. Depois, os pacotes seguintes são enviados através do novo caminho, como mostra a figura 5.10.

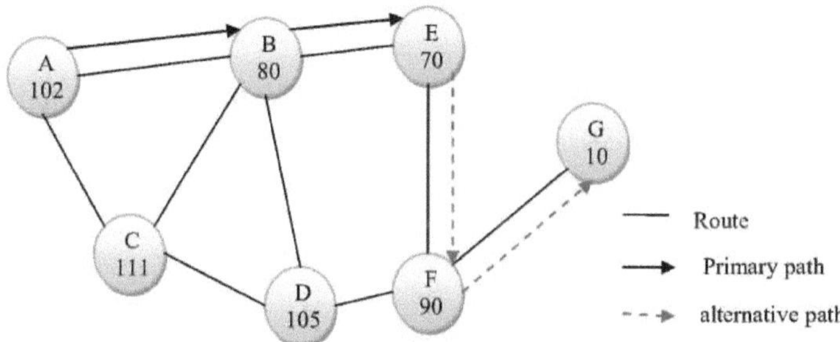

Figura 5.10: Novo caminho recomputado.

Case 3.3:   Aplicação do protocolo E-DSDV

Nas redes que utilizam o protocolo E-DSDV, em caso de falha de uma ligação (E~G), os dados são enviados de A para G . Quando o nó recebe um pacote de dados que é suposto encaminhar, mas não tem uma rota para o destino. O nó (E) utiliza uma tabela de encaminhamento secundária para encontrar o caminho alternativo para chegar ao destino. Neste caso, o caminho alternativo (E~F~G) envia agora os dados para o destino sem os enviar de volta para a origem, o que diminui o tempo de envio dos dados. Depois disso, o nó (e) actualiza a tabela de encaminhamento principal utilizando a informação da tabela de encaminhamento secundária, como mostra a figura 5.11.

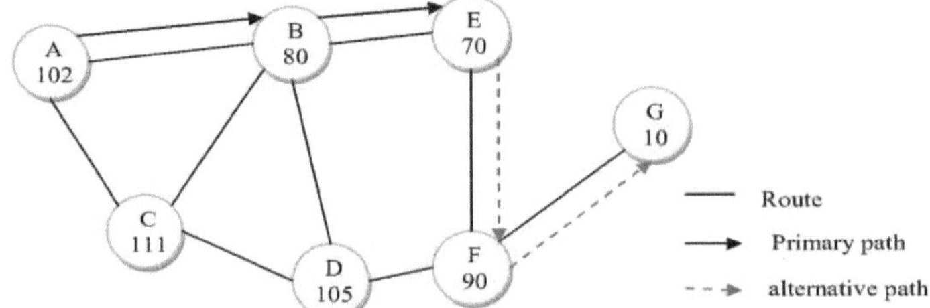

Figure 5.11 Atualizar a tabela de encaminhamento principal utilizando a tabela de encaminhamento secundária.

No cenário (b), os três protocolos de encaminhamento são avaliados com base em duas métricas de desempenho, que são a taxa de transferência e a carga de encaminhamento normalizada.

- Rendimento:-

Figure 5.12 mostra o débito de receção para um tempo de pausa máximo de 91 com o protocolo E-DSDV. O nó (E) utiliza uma tabela de encaminhamento secundária para encontrar o novo caminho para chegar ao destino.

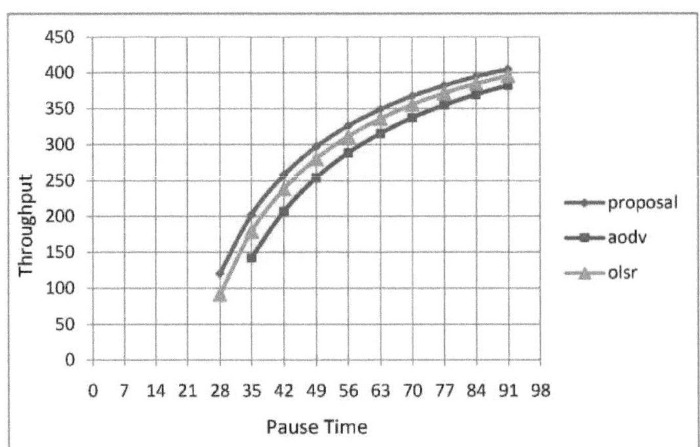

Figura 5.12: Taxa de transferência v/s tempo de pausa no cenário (b).

- Carga de encaminhamento normalizada (NRL) :-

Figure 5.13 mostra a carga de encaminhamento normalizada para uma rede. O

E- DSDV tem o menor custo indireto. O AODV tem maior sobrecarga de encaminhamento, mas ainda é quase igual à do OLSR.

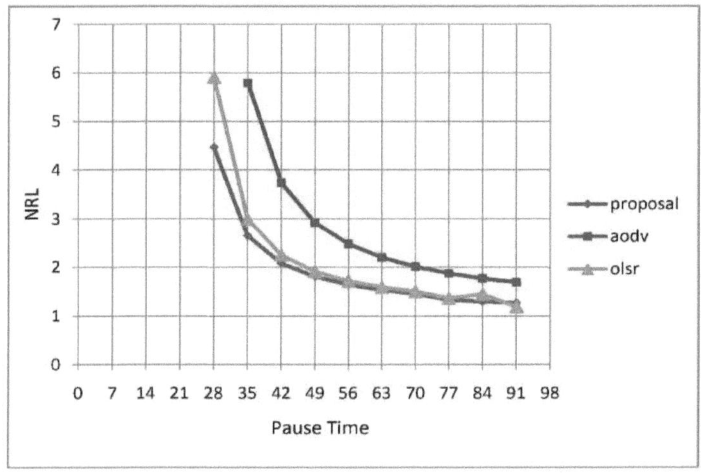

Figura 5.13: NRL v/s tempo de pausa no cenário (a).

5.3.3 O efeito da mobilidade

Nesta secção, será apresentado o efeito da mobilidade no desempenho. Serão considerados dois cenários.

Cenário (c)

Na figura 5.14 o nó (G) saiu do alcance de transmissão do nó (E), mas ao mesmo tempo permaneceu no alcance de transmissão do nó (F). Quando se enviam dados do nó de origem (A) para o nó de destino (G) através do caminho que foi selecionado, as técnicas de encaminhamento seguidas por cada protocolo dos protocolos AODV , OLSR e E-DSDV.

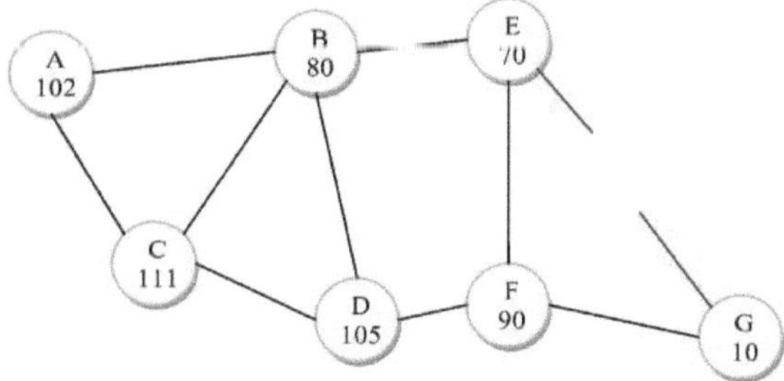

Figura 5.14: Nó (G) para sair do alcance de transmissão do nó (E) e permanecer no alcance de transmissão do nó (F).

Caso 4.1 : Aplicação do protocolo AODV

Na rede que utiliza o protocolo AODV, quando o nó de origem (A) envia dados para o nó de destino (G). O nó (A) efectua a descoberta da rota enviando a mensagem Route Request e recebe a mensagem Route Reply, depois de terminar a descoberta da rota o nó (A) envia os pacotes de dados. Se, quando o pacote chega ao nó (E), o nó (G) sai do alcance de transmissão do nó (E), neste caso, ocorrem alguns comportamentos descritos em (Falha do nó e da ligação - secção 5.3.2).

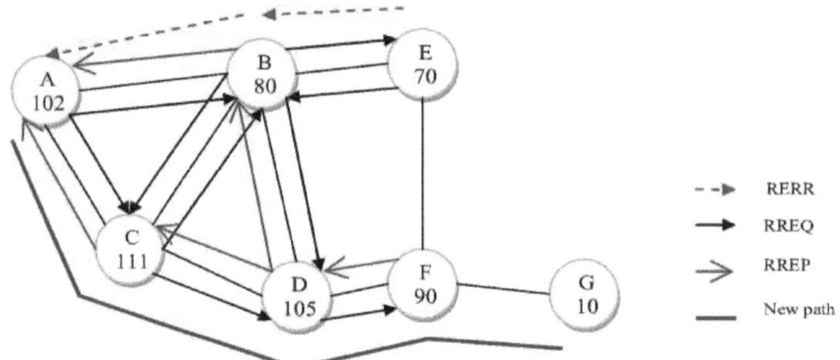

Figura 5.15: Nó (A) efectua a descoberta de rotas

Caso 4.2 : Aplicação do protocolo OLSR

Na rede que utiliza o protocolo OLSR, quando o nó de origem (A) envia dados para o nó de destino (G), quando o nó E recebe um pacote de dados que é suposto encaminhar, mas não tem uma rota para o destino, o nó (G) sai do alcance de transmissão do nó (E). O nó E recalculará a rota para o nó G e obterá E~F~G. Depois, os pacotes seguintes serão enviados através do novo caminho, como mostra a figura 5.16.

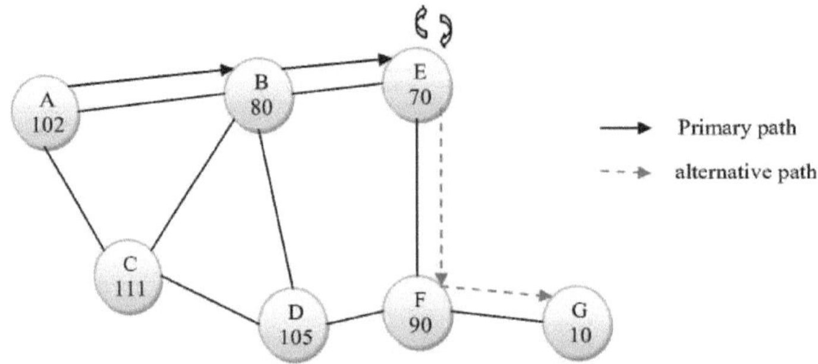

Figura 5.16: O nó E irá recomputar a rota do caminho.

Caso 4.3 : Aplicação do protocolo E-DSDV

Na rede que utiliza o protocolo E-DSDV, quando o nó de origem (A) envia um pacote de dados para o nó de destino (G), antes de enviar o pacote de dados envia diretamente o pacote Discovery para descobrir, como já foi referido no capítulo 4, o que faz com que a informação nas tabelas esteja actualizada.

Assim, quando o pacote chegar ao nó (E) a rota será selecionada sem atrasos de acordo com a informação da tabela de encaminhamento principal. No caso de um evento de deslocação do nó (G) entre o pacote Discovery e o pacote de dados, neste caso, ocorrem alguns comportamentos que descrevemos em (Falha de nó e ligação - secção 5.3.2) como mostra a figura 5.17.

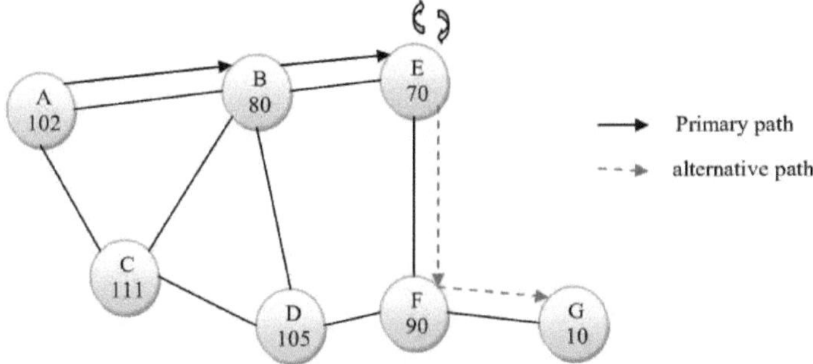

Figura 5.17: O pacote de descoberta actualiza o caminho e envia dados.

Cenário (d)

O nó (G) sai do alcance de transmissão dos nós (E) e (F). Agora, o nó (G) passa a estar no raio de transmissão do nó (D), como mostra a Figura 5.18.

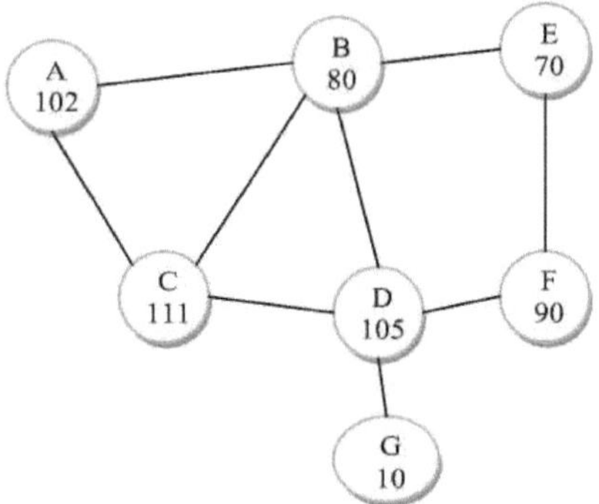

Figura 5.18: A topologia da rede no cenário (d) (O nó (G) move-se).

Caso 4.4: Aplicação do protocolo AODV

Na rede que utiliza o protocolo AODV, quando o nó de origem (A) envia dados para o nó (G), o nó (A) efectua a descoberta da rota. Depois de terminar a descoberta de rota, o nó (A) envia pacotes de dados. No caso de o pacote chegar ao nó (E), como mostra a Figura 5.19. O nó (G) sai do alcance de transmissão do nó (E), neste caso, ocorrem os comportamentos descritos em (Falha de nó e ligação - secção 4.5.3).

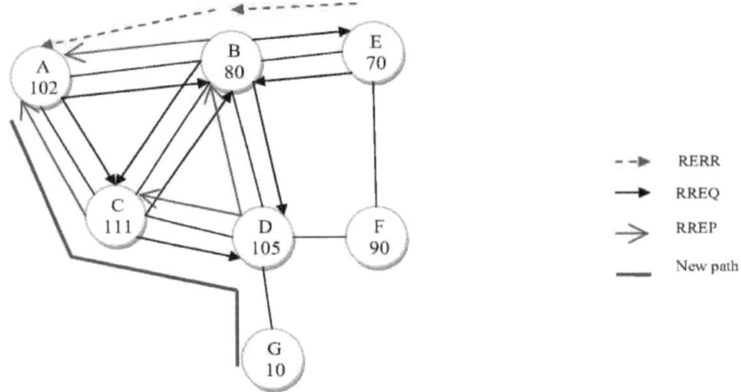

Figura 5.19: O nó (A) efectua a descoberta de rotas.

Caso 4.5: Aplicação do protocolo OLSR

Na rede que utiliza o protocolo OLSR, quando o nó de origem (A) envia dados para o nó de destino (G). Apresentamos um exemplo de recuperação de rota. O nó E está a tentar enviar pacotes para G. O caminho é A~B~E~G. No entanto, o nó G sai do alcance de transmissão do nó E e faz .

O nó de origem A não é capaz de detetar imediatamente a falha na ligação e continua a enviar os pacotes ao longo do caminho, sendo que todos estes pacotes são descartados durante este período apenas se for utilizado o encaminhamento de origem. Com a recuperação da rota, quando o pacote chega, o nó E verifica primeiro se o nó G ainda é um dos seus vizinhos e actualiza todos os nós do caminho antes de reencaminhar o pacote de acordo com a rota de origem. Caso contrário, o nó E recalcula a rota para o nó G. Em seguida, os pacotes seguintes são enviados através do novo caminho.

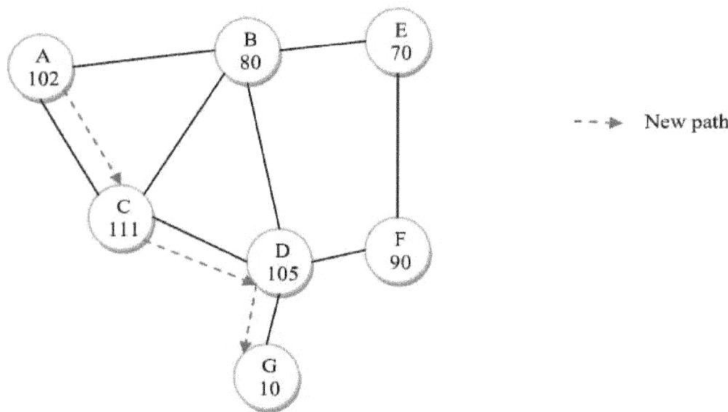

Figura 5.20: Os nós recomputam o caminho e enviam dados.

Caso 4.6: Aplicação do protocolo E-DSDV

Na rede que utiliza o protocolo E-DSDV, quando um nó (G) entra no raio de transmissão do nó (D), quando um nó (D) actualiza a camada um ou actualiza e verifica a tabela de encaminhadores ou quando um nó (G) envia um pacote de identificação aos vizinhos. O nó (D) actualiza a tabela e envia a nova informação actualizada a todos os nós. E agora o nó (A) pode enviar dados para o nó (G). O que consome tempo para atualizar os dados. Não afecta o tempo de envio dos dados, pelo que não aumenta o atraso da transmissão. Ver Figura (5.21)

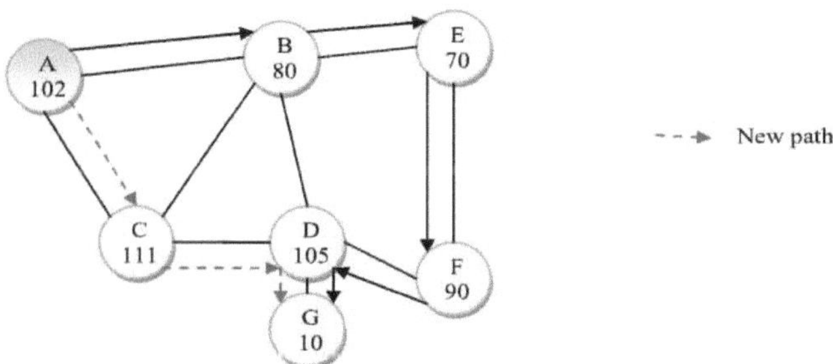

Figura 5.21: Caminho de atualização do protocolo E-DSDV.

No cenário (d), os três protocolos de encaminhamento são avaliados com base em duas métricas de desempenho, que são a taxa de transferência e a carga de encaminhamento normalizada.

• Rendimento:-

A Figura 5.12 mostra que o débito de receção é máximo no tempo de pausa de 35 e 84 para o protocolo E-DSDV, porque o nó de destino recebe dois pacotes no tempo de pausa de 35 e o protocolo OLSR demora mais tempo a atualizar o caminho, utilizando uma tabela de encaminhamento secundária para encontrar o novo caminho seguinte para chegar ao destino. No protocolo AODV, um nó de origem (A) deixa cair o pacote e, em seguida, envia os pacotes.

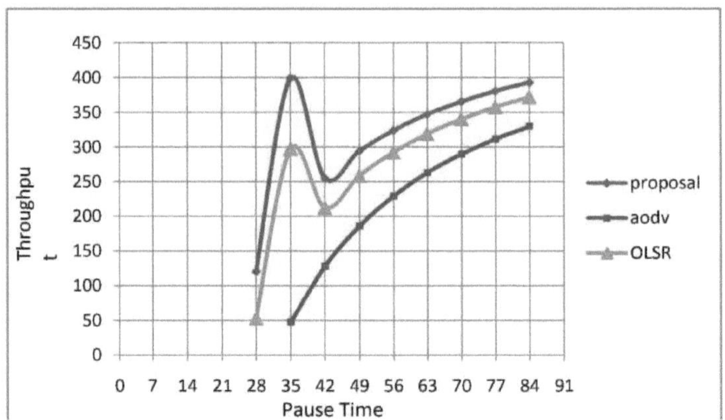

Figura 5.22: Taxa de transferência v/s tempo de pausa no cenário (b).

- Carga de encaminhamento normalizada (NRL)

A Figura 5.23 mostra a carga de encaminhamento normalizada para uma rede . O E-DSDV tem o menor custo indireto. O OLSR tem mais sobrecarga de encaminhamento, mas ainda é quase igual à do E-DSDV. E o AODV tem um NRL superior ao do OLSR.

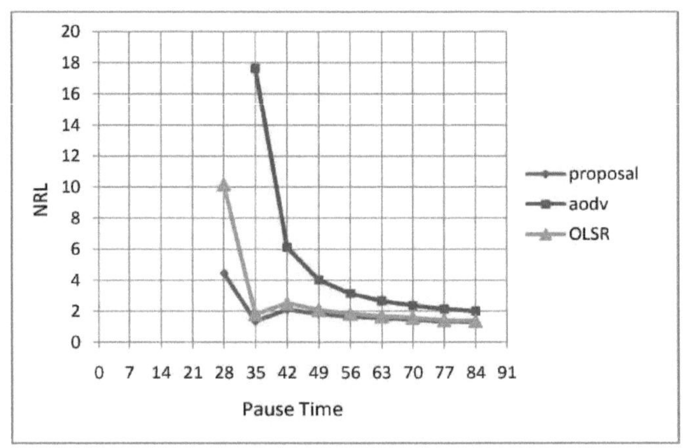

Figura 5.23: NRL v/s tempo de pausa no cenário (a).

CAPÍTULO 6
Conclusão e trabalho futuro

6.1 Conclusão

A maior parte da investigação atual sobre o tema da formação de redes móveis ad hoc baseia-se em resultados de simulações. Por este motivo, a contribuição mais importante desta tese é o facto de apresentar uma prova prática de como a tecnologia de redes sem fios ad hoc resolve os problemas de mobilidade sem fios. Também demonstrou como o protocolo E-DSDV pode ser utilizado para efetuar o encaminhamento numa rede ad hoc sem fios. Todos estes resultados são úteis para a conceção de algoritmos de redes ad hoc e para o desenvolvimento de mecanismos de encaminhamento para essas redes.

Esta tese introduz inicialmente os conhecimentos actuais sobre as redes sem fios normais, a tecnologia de redes sem fios ad hoc e apresenta também soluções para um ambiente alargado de redes ad hoc móveis.

O protocolo E-DSDV foi concebido e implementado para suportar redes ad hoc multi-hop e fornecer um mecanismo para gerir problemas de mobilidade em redes ad hoc móveis, utilizando factores adicionais e tabelas de encaminhamento secundárias para minimizar o atraso de extremo a extremo causado por congestionamento, falha de ligação e mobilidade e permitir que cada nó da rede funcione como encaminhador melhorado.

6.2 Trabalhos futuros

Devido à limitação da área de cobertura, alguns aspectos do protocolo E-DSDV foram investigados numericamente nesta investigação.

A aplicação desenvolvida pode continuar a funcionar como uma ferramenta de avaliação para redes ad hoc móveis de diferentes topologias, dimensões e cobertura variável em termos de distância do espaçamento entre nós. Com base no trabalho atual, o trabalho futuro poderá centrar-se no reforço da funcionalidade da aplicação e na melhoria do desempenho do protocolo E - DSDV.

- Protocolos de encaminhamento ad hoc alternativos: Uma investigação sobre a possibilidade de melhorar a eficiência de encaminhamento do E-DSDV. Pode ser utilizado para construir redes ad hoc móveis, tais como DSDV , OLSR e AODV.

- Fornecer um protocolo normalizado ou um algoritmo de descoberta do modo de funcionamento para ajudar os novos terminais a compreender o modo de funcionamento da rede e a conceber protocolos de encaminhamento eficazes na sequência de alterações topológicas.

- Redes sem fios baratas: esta tese fornece mapas para utilizar a tecnologia sem fios como meio de transmissão para construir e configurar uma rede ad hoc móvel multihop.

- Gestão da mobilidade: a tese fornece uma solução para o nó móvel, em que a mobilidade é um grande problema nas redes sem fios. O E-DSDV constitui o ponto de partida para a investigação neste domínio.

- Questão de segurança: A implementação de caraterísticas de segurança no protocolo E-DSDV, como a autenticação e a cifragem da utilização da rede, poderia evitar utilizadores falsos ou a interceção de informações.

- Melhoria do E-DSDV para suportar um tráfego em tempo real e multimédia (voz e vídeo).

- Interagir com outros protocolos de encaminhamento de rede, tais como (RIP, OSPF, BGP) e juntar-se a grandes redes.

Referências

1. Vaidya, N. H., Lee, H., e Welch, J. L. "Location tracking using quorums in mobile ad hoc networks". Ad Hoc Networks 1 (2003), 371-381.

2. Quintero, A., Pierre, S., e Macabeo, B. "Um protocolo de encaminhamento baseado na densidade dos nós para redes ad hoc". Ad Hoc Networks Ad Hoc Networks 2 (2004) (2004), 335-349.

3. Kim, W.-I., Kwon, D.-H., e Suh, Y.-J. "A reliable route selection algorithm using global positioning systems in ad-hoc networks". Na Conferência Internacional do IEEE sobre Comunicações (ICC) (Helsínquia, Finlândia, 2001), vol. 10, pp. 3191-3195.

4. Perkins, C. E., e Bhagwat, P. "Highly dynamic destination sequenced distancevector routing (DSDV) for mobile computers". In ACM SIGCOMM Conference on Communications

Architectures, Protocols and Applications (Londres, Reino Unido, agosto de 1994), vol. 24, ACM Press, pp. 234-244.

5. Park, V. D., e Corson, M. S. "Um algoritmo de encaminhamento distribuído altamente adaptável para redes móveis sem fios". In IEEE Computer and Communications Societies (INFOCOM) (Kobe, Japão, abril de 1997), vol. 3, pp. 1405-1413.

6. Johnson, D. B., e Maltz, D. A.". Dynamic source routing in ad hoc wireless networks". Em Mobile Computing, T. Imielinski e H. Korth, Eds., vol. 353. Kluwer Academic Publishers, 1996, cap. 5, pp. 153-181.

7. Perkins, C. E., e Royer, E. M. "Ad-hoc on-demand distance vetor routing". In IEEE Workshop on Mobile Computing Systems and Applications (WMCSA) (Nova Orleães, LA, EUA, fevereiro de 1999), vol. 3, pp. 90-100.

8. Filipovic, A. "Energy efficiency of ad hoc routing protocols", novembro de 2002. School of Computer Science & Software Engineering, The University of Western Australia.

9. Fórum Nokia "Bluetooth Technology Overview" Versão 1.0; 4 de abril de 2003.

10. Venugopalan Ramasubramanian e Daniel Mossé , "A Bidirectional Routing Abstraction for Asymmetric Mobile Ad Hoc Networks", IEEE/ACM TRANSACTIONS ON NETWORKING, VOL. 16, NO. 1, FEVEREIRO DE 2008

11. Brendan J. Donegan, Daniel C. Doolan, Sabin Tabirc," Mobile Message Passing using a Scatternet Framework" , International Journal of Computers, Communications & Control , Vol. III, No. 1, pp. 51-59,2008

12. Yao-Chung Chang, M.T. Lin, Han-Chieh Chao, and Jiann-Liang Chen ," Bluetooth Scatternet Using an Ad Hoc Bridge Node Routing Protocol for Outdoor Distance Education", International Journal of Distance Education Technologies, Vol. 2, No.3.pp. 36-46, julho-setembro 2004

13. Diego Bohman, Matthias Frank, Peter Martini, "Performance of Symmetric Neighbor Discovery in Bluetooth Ad Hoc Networks", Instituto de Informática IV, Universidade de Bona.

14. Oliver Kasten, Matthias Ringwald, Frank Siegemund, Lothar Thiele : "Bluetooth Smart Nodes for Mobile Ad-hoc Networks" ,Computer Engineering and Networks Lab Swiss Federal Institute of Technology (ETH) Zurich 8092 Zurich, Switzerland

15. P. Johansson. (2001) Bluetooth: An Enabler for Personal Area Networking. Rede IEEE.

16. Charles E. Perkins. Ad Hoc Networking. Addision Wesley, 2001.

17. Xiaoyan Hong, Kaixin Xu e Mario Gerla. Protocolos de encaminhamento escaláveis para redes ad hoc móveis. 2002.

18.] C. E. Perkins and P. Bhagwat, Highly Dynamic Destination-Sequenced DistanceVector

Routing (DSDV) for Mobile Computers, In Proceedings of ACM SIGCOMM, pages 234-244, 1994.

19. S. Murthy e J.J. Garcia-Luna-Aceves, "An efficient routing protocol for wireless networks", ACM Mobile Networks and Applications Journal, pp.183-197, 1996.

20. A. Iwata, C.-C. Chiang, G. Pei, M. Gerla e T.-W. Chen, "Scalable Routing Strategies for Ad Hoc Wireless Networks" IEEE Journal on Selected Areas in Communications, Special Issue on Ad-Hoc Networks, Aug. 1999, pp.1369-79.

21. Mingliang Jiang, Jinyang Li, Y.C. Tay, "Cluster Based Routing Protocol" agosto de 1999 Projeto IETF. http://www.ietf.org/internet-drafts/draft-ietf-manetcbrp-spec-01 .txt

22. Protocolo de encaminhamento de estado de ligação optimizado (OLSR) , Philippe Jacquet, Thomas Heide Clausen, outubro de 2003, RFC 3626

23. M Joa-Ng e I.-T. Lu, "A Peer-to-Peer zone-based two-level link state routing for mobile Ad Hoc Networks" IEEE Journal on Selected Areas in Communications, Special Issue on Ad-Hoc Networks, Aug. 1999, pp.1415-25.

24. Maltz, J.B. e D. Johunson,2005.Lessons from a full-Scale multi-hop wireless ad hoc network testbed. Revista IEEE Personal communications

25. Tseng Y.C., Shen C.C, e Chen W.T. Mobile ip and ad hoc networks: Uma experiência de integração e implementação. Relatório técnico, Dept. de Comput.
Sci. e Inf. Eng., Nat. Chiao Tung Univ., Hsinchu, Taiwan, 2003.

26. Mingliang Jiang, Jinyang Li, Y.C. Tay, "Cluster Based Routing Protocol", projeto IETF de agosto de 1999, 27 páginas.

27. Charles E. Perkings, Elizabeth M. Belding-Royer, Samir R.Das, Ad Hoc On- Demand Distance Vetor (AODV) Routing, http://www.ietf.org/internetdrafts/ draft-ietf-manet-aodv-13.txt, IETF Internet draft, Feb 2003.

28. J. Broch, D. Johnson, e D. Maltz, The Dynamic Source Protocol for Mobile Ad hoc Networks, http://www.ietf.org/internet-drafts/draft-ietf-manet-dsr- 10.txt, IETF Internet draft , 19 de julho de 2004

29. Park, V. e S. Corson, 2001. Algoritmo de encaminhamento temporalmente ordenado (TROA). Projeto da Internet, draftietf-manet-tora-spec-04-txt. julho de 2001.

30. Manoon Kummakasikit, Sakchai Thipchaksurat, Varakulsiripunth, "Performance Improvement of Associativity-Based Routing Protocol for Mobile Ad Hoc Networks," Information, Communications and Signal Processing, 2005 Fifth International Conference on Data de publicação: 06-09 Dez. 2005, Página(s): 16- 20.

31. C. Perkins, E. Belding-Royer e S. Das, "Ad hoc On Demand Distance Vetor (AODV) Routing", IETF RFC,3561, julho de 2003

32. Luke KleinBerndt: A Quick Guide to AODV Routing, Instituto Nacional de Padrões e Tecnologia, Departamento de Comércio dos EUA, EUA. http://www.antd.nist.gov/wctg/ aodv_kernel/aodv_guide.pdf

33. Rajenra V. Boppana: An Adoptive Distance Vetor Routing Algorithm for Mobile, Ad Hoc Networks, The University of Texas at San Antonio, San Antonio, TX 782490667.

34. May Zin Do e Mazliza Othman "Comparações de desempenho dos protocolos de encaminhamento AOMDV e OLSR para MANET", IEEE 2010. Iccea, vol. 1, pp.129133(2010)

35. http://en.wikipedia.org/wiki/Optimized_Link_State_Routing_Protocol

Printed by Books on Demand GmbH, Norderstedt / Germany